Francisco Gaetani
Izabella Teixeira
Marcello Brito
Roberto S. Waack
Samela Sateré Mawé

Inquietações de um Brasil contemporâneo

Desafios das eras **climática, digital-tecnológica e biológica**

PREFÁCIO
Mônica Sodré

ILUSTRAÇÕES
Josias Marinho Casadecaba

Copyright © 2023 Instituto Arapyaú
Copyright desta edição © 2023 Autêntica Editora

Todos os direitos reservados pela Autêntica Editora Ltda. Nenhuma parte desta publicação poderá ser reproduzida, seja por meios mecânicos, eletrônicos, seja via cópia xerográfica, sem a autorização prévia da Editora.

EDITORAS RESPONSÁVEIS
Rejane Dias
Cecília Martins

REVISÃO
Aline Sobreira
Lorrany Silva
Julia Sousa

CAPA E PROJETO GRÁFICO
Diogo Droschi,
sobre ilustrações de
Josias Marinho Casadecaba

DIAGRAMAÇÃO
Guilherme Fagundes

COORDENAÇÃO DO PROJETO
(INSTITUTO ARAPYAÚ)
Thais Ferraz
Renata Loew Weiss

COLABORAÇÃO
Renata Piazzon
Amalia Safatle
Nadia Pontes
Fernanda Rennó

Dados Internacionais de Catalogação na Publicação (CIP)
(Câmara Brasileira do Livro, SP, Brasil)

Inquietações de um Brasil contemporâneo / Francisco Gaetani [et al.] ; ilustrações Josias Marinho Casadecaba ; prefácio Mônica Sodré. -- 1. ed. -- Belo Horizonte : Autêntica, 2023.

Outros autores: Izabella Teixeira, Marcello Brito, Roberto S. Waack, Samela Sateré Mawé.
Bibliografia.
ISBN 978-65-5928-307-1

1. Brasil - Políticas públicas 2. Ciências sociais - Brasil 3. Democracia 4. Inteligência artificial - Inovações tecnológicas 5. Meio ambiente - Aspectos sociais 6. Reflexões 7. Sociedade civil 8. Tecnologia I. Gaetani, Francisco. II. Teixeira, Izabella. III. Brito, Marcello. IV. Waack, Roberto S. V. Mawé, Samela Sateré. VI. Casadecaba, Josias Marinho. VII. Sodré, Mônica.

23-161799   CDD-300.981

Índice para catálogo sistemático:
1. Brasil : Ciências sociais 300.981

Aline Graziele Benitez - Bibliotecária - CRB-1/3129

Belo Horizonte
Rua Carlos Turner, 420
Silveira . 31140-520
Belo Horizonte . MG
Tel.: (55 31) 3465 4500

São Paulo
Av. Paulista, 2.073 . Conjunto Nacional
Horsa I . Sala 309 . Bela Vista
01311-940 . São Paulo . SP
Tel.: (55 11) 3034 4468

www.grupoautentica.com.br
SAC: atendimentoleitor@grupoautentica.com.br

9 Prefácio
Mônica Sodré

13 Abertura

21 CAPÍTULO 1
**A agenda ambiental-climática:
o Brasil é parte do mundo**

51 CAPÍTULO 2
A governança da agenda pública brasileira

75 CAPÍTULO 3
**Os desafios da produção de alimentos
no Brasil na era climática**

105 CAPÍTULO 4
Soluções baseadas na Natureza (SbN)

129 CAPÍTULO 5
O imaterial: reflorestando mentes

151 Referências

161 Sobre os autores

165 Sobre a *Página22* e o Instituto Arapyaú

A arte que sobrevoa este livro não busca ilustrar seu conteúdo, mas conversar com ele. Os traços delicados do nanquim de Josias não são adornos para as linhas, eles fazem parte do conteúdo do livro, trazem mais uma visão inquieta e inacabada sobre futuro (ninho). Aqui, ilustrador e autores se misturam na tentativa de equilibrar racionalidade e sensibilidade. Os pássaros percorrem um caminho audacioso e ousado, que tenta provocar a leitura e o respeito de mais de uma história simultaneamente: a das letras e a das linhas. A ocupação das páginas reflete a possibilidade de um espaço a ser preenchido de diferentes formas, por diferentes visões, em diferentes tempos. É importante olhar para além das linhas, dos espaços mais óbvios de uma página, e buscar possíveis conexões com as entrelinhas, com as margens e com o todo.

Prefácio

Mônica Sodré[1]

"O futuro não é mais como era antigamente" é um dos trechos célebres de "Índios", canção brasileira, composta por Renato Russo, popularizada na década de 1980, imbuída de crítica a nosso processo de colonização, baseado no acúmulo material e na exploração. A luta dos colonizadores marca a origem da dissociação entre homem e natureza do lado de cá dos trópicos, atribuindo ao primeiro a exclusividade na produção de valor, ao mesmo tempo que considera a natureza como uma externalidade, um obstáculo a ser removido.

De lá para cá, mais de 500 anos se passaram, e inegáveis avanços, em todas as áreas, foram conquistados. A despeito deles, a visão que coloca em lados opostos homem e natureza ainda não foi completamente superada. Nesse tempo, o mundo também mudou.

A questão climática ascendeu à agenda econômica e política, deixando de ser uma questão ambiental e se tornando cada vez mais uma questão econômica e de desenvolvimento, ditando, assim, os rumos da geopolítica e do comércio internacional. A revolução tecnológica trouxe novos desafios a nossa democracia, prejudicando a capacidade de discernir entre o verdadeiro e o falso e tornando ainda mais frágeis as relações de confiança, tanto entre pessoas quanto entre pessoas e instituições. Por sua vez, esse mesmo avanço permitiu ganhos de produtividade agrícola sem a degradação de novas áreas, assim como o desenvolvimento de biotecnologia e de Soluções baseadas na Natureza (SbN), e em breve permitirá também o surgimento de novas tecnologias, algumas ainda nem sequer imaginadas.

---

[1] Diretora Executiva da Rede de Ação Política pela Sustentabilidade (RAPS).

Do *blockchain*[2] à inteligência artificial (IA), que começa a fazer parte do dia a dia das pessoas, novas possibilidades se abrem para o combate à emergência do clima, com a IA permitindo melhor monitoramento de queimadas, construções mais eficientes do ponto de vista energético, criação de novos materiais com baixo nível de carbono e remoção de CO_2. Para um país rico em sociobiodiversidade, um dos maiores produtores de alimentos do globo e que figura entre os maiores produtores de vida do mundo, abre-se uma oportunidade única de figurar e se reposicionar no mercado global a partir da produção de soluções, superando o atual modelo extrativista, com assimetrias nos ganhos e desigualdade em sua distribuição, e historicamente exportador de matérias-primas agrícolas e minerais.

Diante disso, como imaginar o futuro quando ele é radicalmente diferente do futuro de antigamente? Que apostas e escolhas políticas devemos fazer hoje, diante de um futuro incerto e que chega mais rápido a cada dia, se quisermos mudar o rumo das coisas? Como lidar com o passado, reconhecendo sua importância, mas sem deixar que ele nos aprisione? Que questões deveríamos estar formulando para o nosso país? Que novas institucionalidades devem dar suporte a elas? Que inquietações deveriam nos inquietar?

Essas são algumas das reflexões que orientam *Inquietações de um Brasil contemporâneo*, primeiro exercício resultante do esforço coletivo dos membros do Programa de Fellows do Instituto Arapyaú e que nasce como uma contribuição da sociedade civil ao país justamente num momento em que se renovam as esperanças sobre o amanhã e em que uma nova janela de oportunidade, política, abre-se diante de todos nós. Como fio condutor, há não só o acúmulo intelectual, profissional e a vivência dos autores, mas também, justamente, as respectivas inquietações sobre o desconhecido, o ainda não visto ou aquilo para o qual é necessário abrir caminhos.

---

[2] O *blockchain* é uma tecnologia de registro de transações que fornece um sistema seguro e transparente, eliminando a necessidade de uma autoridade centralizadora. Ele já é amplamente utilizado e possui o potencial de democratizar o acesso a serviços financeiros, promover a transparência em governos e organizações, além de facilitar a troca confiável de informações entre várias partes sem a necessidade de intermediários.

O livro, sobre o qual se espera interação com o leitor e também uma revisitação periódica à luz da revisão e da evolução de posições, é mais do que um diálogo com a realidade. É, sobretudo, um chamado às perguntas e escolhas que precisarão ser feitas se quisermos outras realidades. Sua chegada ao público se dá no momento em que assistimos ao esgotamento do ciclo de estabilidade, que deu origem à nova República, dar lugar às maiores ameaças ao regime desde a década de 1960, o que o torna uma contribuição valorosa para nossa democracia.

Oferece, ainda, contribuições a partir da sociedade civil, justamente tendo no horizonte a perda de legitimidade dos Estados e dos governos, uma das origens da crise do próprio regime democrático, e a partir da consciência de que governos não são mais capazes de dar, sozinhos, respostas aos problemas do mundo e das pessoas. Diante disso, compreende e assume um lugar de destaque perante os novos papéis políticos exigidos da sociedade civil no debate, no apontamento e na construção dessas soluções e respostas, que não podem nem devem ser exclusividade dos espaços de representação e que passam por múltiplas dimensões – como os novos contornos do ambientalismo, a relação com a filantropia, inclusive auxiliando-a a se tornar mais estratégica, as novas relações com o setor privado, oriundas da agenda ESG, e, ainda, um novo momento da democracia, com compromisso de preservá-la e aprimorá-la, em especial diante de um mundo em que o peso e a importância da verdade e dos fatos parecem diminuir.

Bons livros são esticadores de horizontes.

Que tenhamos, todos, os nossos horizontes esticados.

Abertura

Com que matéria e espírito se faz um país? Esta obra aposta que, sim, é possível aspirar a um país democrático, justo, inclusivo e sustentável. Não apenas porque novas ideias e novos desejos estão surgindo em todos os lugares, mas sobretudo porque é possível unir diversas perspectivas, propondo caminhos de soluções para o Brasil num futuro que se avizinha. Nessa imensidão do território brasileiro, que ao longo da história acolheu tanta gente, a diversidade determina uma identidade contemporânea e expressa a força dessa sociedade. A heterogeneidade de pensamentos e a multiplicidade de povos, línguas, biomas, culturas, comportamentos, estilos e gerações enriquecem o país e lhe dão uma identidade da qual precisa se orgulhar. Diversidade é resiliência e requer audácia.

Este livro é fruto de uma mistura de visões. Resulta do trabalho conjunto entre campos de atuação que muitas vezes não dialogam, como o pensamento indígena e o agronegócio, a experiência local e a governança global. Traz um debate atual para o amadurecimento de pautas e contribui para contextualizar agendas nas quais os autores – Fellows do Instituto Arapyaú – traçaram trajetórias profissionais distintas e relevantes para o país.

Os autores apontam tensões de curto prazo e entendem que é possível processá-las e abrir caminhos para a emergência de soluções sem retrocessos no futuro. A obra nasce justamente de um encontro intergeracional que busca expandir as perspectivas de pensamento político sobre o Brasil no futuro, além de uma melhor compreensão do papel e do lugar do nosso país no mundo. Sem a pretensão de trazer conclusões definitivas, apresenta-se como um debate inacabado, com o propósito de levantar inquietações do público leitor em torno da temática ambiental-climática, da modernização do Estado brasileiro, dos desafios da relação entre economia e natureza e do olhar contemporâneo sobre os povos originários. O compartilhamento de ideias para os debates com o futuro acontece sob a perspectiva do fortalecimento da democracia brasileira e dos seus desafios.

O caminho para processos desejáveis de desenvolvimento não virá da importação de modelos de outros países ou de realidades distintas. O país deverá definir trilhas próprias com base na valorização de suas singularidades e da sua diversidade de alternativas, em sintonia com as agendas globais em torno do clima, da biodiversidade, do desenvolvimento humano e do respeito e da consolidação dos direitos civis e humanos. Para isso, a inquietude e o olhar desafiador do *status quo* precisam vir ao centro dos debates políticos e delinear contornos ambiciosos e pragmáticos da construção coletiva de soluções.

O que é ser contemporâneo? Entre as muitas acepções possíveis, uma sociedade contemporânea pauta-se na clareza de sua parte no mundo, em uma nova ética na relação do ser humano com a natureza e na manifestação do espírito democrático, que valoriza as várias formas de conhecimento, convivência e coexistência com respeito mútuo, por meio do exercício de liberdades e de escolhas com responsabilidades.

Entre as muitas inquietudes a serem trabalhadas pela sociedade brasileira nos próximos anos, este livro oferece caminhos e proposições para algumas, convidando o leitor a uma série de reflexões ao longo dos capítulos.

O primeiro capítulo debate o mundo em mudança, com a emergência de uma nova ordem mundial, marcada por desequilíbrios ambientais e climáticos, tensões geopolíticas e muita incerteza, além da fragilização da democracia. O Brasil surge, nesse contexto, como um país com alternativas, que precisa de ousadia e de pragmatismo para lidar com a transição do seu desenvolvimento, alinhado com a contemporaneidade. É um país cuja inserção no mundo assegura o futuro, além de não se fazer refém do passado.

No entrelaçamento entre a realidade brasileira e a cena global, e diante da necessidade de reinserir o país no jogo geopolítico climático, há que atender a um desejo de nação comum e aglutinador. O segundo capítulo traz essa tônica, com um olhar para os vários atores da agenda pública brasileira que devem participar da (re)construção das institucionalidades e dos espaços de governança pública. São expostos desafios e relações contemporâneas com a sociedade que o futuro determina ao inacabado Estado brasileiro.

Nesse sentido, o terceiro capítulo se dedica às desmistificações e à convergência de agendas estratégicas no que envolve a produção de alimentos no campo. Sob disputas comerciais externas e pressões internas, a forma mais inteligente de o Brasil superar questionamentos é consolidar-se globalmente como protagonista da segurança alimentar, nutricional e climática, zerando o desmatamento e tendo a natureza como aliada.

Ao assumir a íntima relação entre conservação da biodiversidade e segurança alimentar e nutricional, a economia poderá crescer em novas bases, inspiradas pelas Soluções baseadas na Natureza. Nessa direção, o quarto capítulo traz uma nova fronteira do conhecimento, com reflexões conceituais e indicações de oportunidades no futuro próximo. Propõe uma revisão de valores e um novo arcabouço ético, em que a mera exploração da natureza se torna inaceitável. Mas nada disso é novidade entre os povos originários. Muitas soluções que a humanidade procura se encontram há muito tempo no pensamento ancestral.

O quinto capítulo busca relatar a perspectiva dos povos originários, segundo a qual a terra não pertence aos povos indígenas; são estes que pertencem a ela, e ela confunde-se com o seu próprio ser. Cuidar do território e cuidar de si é a mesma coisa, e não por acaso a natureza está mais protegida nas Terras Indígenas do que em qualquer outra parte do Brasil. Recompor o elo entre homem e natureza, para que a sociedade cresça com ela, e não contra ela, mostra-se como o grande desafio do século XXI, daí a relevância do modo de vida indígena na construção de um Brasil contemporâneo, passando pelas agendas de biodiversidade e clima.

Na medida em que os povos originários conquistam protagonismo em sociedades de todo o mundo, incluindo o Brasil, passam a participar da construção de soluções e assumem corresponsabilidades no enfrentamento das questões globais. Isso reconduz o leitor ao capítulo inicial do livro, voltado ao panorama geopolítico climático e à importância global da Amazônia para o futuro do país e do mundo. A Amazônia põe o Brasil no mundo, e é lá que o futuro do país emerge.

Todas essas inquietudes contêm dinamismo próprio e capacidade de se interconectar, encontrando pontos de sinergia para além das divergências naturais. A riqueza da conversa entre os autores está justamente na complexidade dessa rede e, em especial, nas pontas soltas que o leitor poderá amarrar a novos pensamentos, na contínua e instigante tarefa de repensar o Brasil que desejamos e que demanda engajamento e ação no presente de todos nós. Não há mais tempo para "comprar", tampouco margem para adiamentos. O fortalecimento da democracia brasileira confere espaços políticos para isso.

Agradecemos todas as contribuições recebidas e as pessoas que inspiraram os argumentos aqui apresentados.

Vamos lá, então!

Boa leitura.

CAPÍTULO 1

A agenda ambiental-climática: o Brasil é parte do mundo

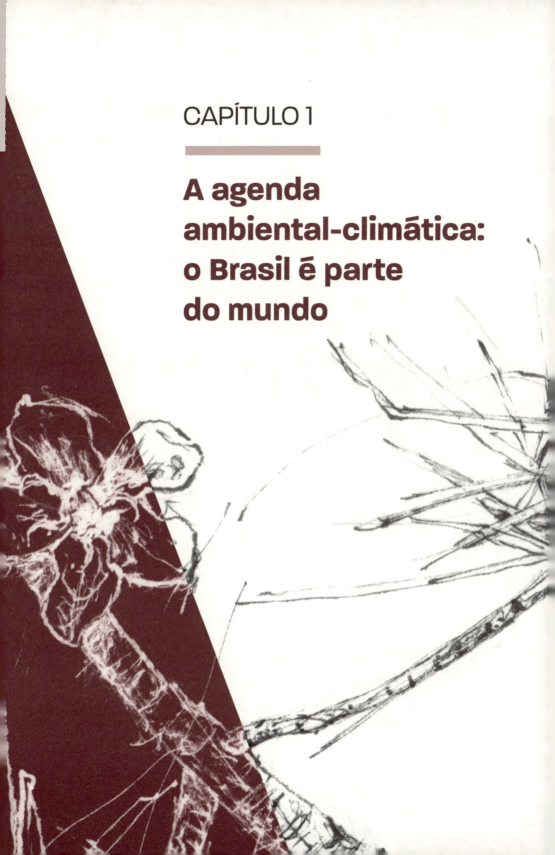

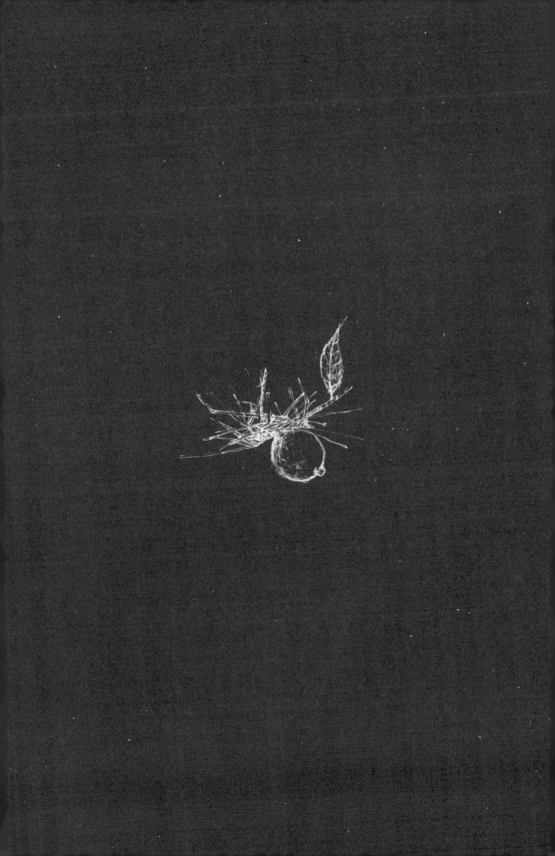

O novo imaginário político do Brasil contemporâneo

O mundo experimenta as incertezas da pós-pandemia de covid-19, da guerra em curso na Ucrânia, da emergência climática e, particularmente, no Ocidente, da crise da democracia. O século XXI tem sido marcado por crises globais,[3] pontuando vulnerabilidades no presente e para o futuro da humanidade, além de acolher o surgimento de uma nova ordem multipolar, com duas superpotências, Estados Unidos e China, exercendo os domínios da polarização geopolítica.

O contexto internacional demanda lidar com as tensões globais concomitantes a transformações estruturais na sociedade: a vida na era digital/tecnológica, a transição da sustentabilidade, o fortalecimento do multilateralismo, a ameaça à democracia e o drástico avanço da pobreza e das desigualdades sociais no mundo. Cabe, entretanto, indagar o quanto dessas agendas está na agenda política do Brasil e dos brasileiros.

Configura-se, assim, um quadro que exige do país uma melhor compreensão do momento atual, do que de fato está acontecendo e das implicações das mudanças em curso. É necessário saber formular e dotar a sociedade de uma visão abrangente e estratégica a respeito dos interesses internacionais que nos cercam, discuti-los,

---

[3] As crises globais pontuam o presente século: o 11 de Setembro (2001); a crise econômico-financeira, com desdobramentos no comércio internacional (2007-2008); a pandemia de covid-19 (2020); além do agravamento da crise climática, com a mudança de status para emergência climática.

ter maior domínio sobre as suas demandas e restrições, além de adotar processos robustos de gestão de expectativas e de construção de interesses comuns.

O mundo dirige ao Brasil uma postura otimista e pragmática. O país, após experimentar tempos marcados por retrocessos políticos e pela erosão de suas instituições públicas, ressurge com a ambição de reinserção internacional, guiado pela luta contra as mudanças do clima e a perda da biodiversidade, pelo fortalecimento do seu regime democrático e pela promoção da paz. Estamos assistindo à comunidade internacional dos países desenvolvidos expressar particular interesse quanto à vitalidade da democracia brasileira e à perspectiva de retomada da sua diplomacia ambiental-climática. O pragmatismo se revela, no entanto, nos ainda tímidos caminhos de retomada de diálogo e de renovação de estratégias nas parcerias internacionais com o país.

A reconstrução do protagonismo do Brasil no mundo requer da sua sociedade, bem como de suas instituições públicas e privadas, o compromisso com o fortalecimento da democracia e uma objetiva pactuação política sobre a identidade do que somos como povo e do que queremos como nação. A perspectiva do *Brazil is back* (o Brasil voltou)[4] exige clareza sobre o porquê, com quem, o seu papel e o seu lugar no mundo. Por isso, precisamos de um projeto de país que supere a latente necessidade de reparação e de consagração, o "curto-prazismo" das políticas públicas brasileiras e a crença (ou a ilusão) no "país do futuro".

A questão central a ser pontuada é se *o futuro também está de volta ao Brasil*, de tal forma que possamos superar o assombrado passado recente e lidar com a urgência das prioridades atuais. Um projeto de país exige que os interesses nacionais estejam alinhados com a contemporaneidade, com o mundo e com a demanda por um Estado estabelecido. O reconhecimento de que o Estado

---

[4] Em referência à fala do presidente Lula na Conferência das Nações Unidas sobre Mudanças Climáticas (COP27), em novembro de 2022.

brasileiro ainda está por se construir, assim como das suas relações com a sociedade, parece essencial para lidar com as suas instituições nos tempos de hoje e adiante. Sabemos que o tecido político da burocracia estatal brasileira é frágil, débil, o que a faz refém, muitas vezes, de arranjos político-institucionais circunstanciais e absolutamente sujeitos a retrocessos.

Nesse contexto, parece ser estratégico reconhecer que as nossas instituições não são inabaláveis. É determinante ir bem além de mecanismos de contenção à erosão das competências e capacidades institucionais, viabilizar mais diversidade nas suas burocracias e melhor entender o papel/poder da cidadania. Uma nova relação da sociedade brasileira com o governo e com o Estado se impõe como condição de fortalecimento da democracia, da contemporaneidade da gestão pública e do agir de forma proativa, e não mais reativa. Para que o povo brasileiro entenda o seu país, é imperativo que o mundo institucional e digital enfrente o escrutínio da democracia.[5]

O Brasil precisa ocupar-se com afinco do futuro e superar a cultura política de repetir o que já foi vivido. Isto é, lidar com o futuro não mais envolve a projeção linear ou a volta ao passado. Tal comportamento é extemporâneo para o enfrentamento de processos disruptivos com a natureza e com a democracia a que está exposta a comunidade internacional em tempos atuais e no futuro. Afinal, o mundo de hoje e de mais adiante cerca-se da instabilidade política e da ruptura com a natureza.

A crise da democracia, com particular evidência no Ocidente, acontece ao mesmo tempo que a tripla crise planetária.[6] Até pouco tempo atrás, a democracia liberal reinava absoluta, a despeito de

---

[5] GAETANI, F.; LAGO, M. *O Estado em um mundo em mudança: reflexões sobre a gestão pública contemporânea no Brasil.* Rio de Janeiro: Editora FGV, 2022.

[6] Segundo a Organização das Nações Unidas (ONU), a tripla crise planetária caracteriza-se pela mudança do clima, pela perda da natureza e da biodiversidade e pela poluição e pelo desperdício (UNITED NATIONS ENVIRONMENT PROGRAMME (UNEP). Triple Planetary Crisis: Forging a New Relationship Between People and Earth. *UN Environment Programme*, [s.d.]. Disponível em: https://bit.ly/45oLqrS. Acesso em: 8 maio 2023).

todas as suas deficiências.[7] As sociedades estavam comprometidas com a forma democrática de governo, e predominava a crença do seu domínio e de que em anos vindouros pouca coisa mudaria. Então, o futuro chegou, e a desilusão com a política tomou outras formas e dinâmicas, com a inédita emergência de um movimento populista, que não se sabe se envergará uma era populista, pondo em xeque a própria sobrevivência da democracia liberal.[8]

Nos domínios tropicais brasileiros, é importante lembrar que a nossa democracia é muito jovem. O país tem uma tradição autoritária, com espasmos de democracia. No entanto, a democracia brasileira importa aos brasileiros e ao mundo. Assim, é essencial que o país seja dotado de maior transparência e menos corrupção, de ambientes robustos e seguros de negócios e de perspectivas mais positivas de provimento de soluções para a sua sociedade no lidar com a crise ambiental-climática. Parece inequívoca a oportunidade do país de lidar com o binômio clima e democracia no âmbito da sua retomada política, econômica e social.[9]

O processo de progressiva fratura da relação do homem com a natureza começou a ser exposto internacionalmente há 50 anos, quando da Conferência de Estocolmo. O tema clima[10] não foi objeto do debate internacional, e sim a poluição e o uso (ineficiente) de recursos

---

[7] Nos últimos 100 anos, o mundo viveu a maior expansão de liberdade e de direitos políticos da história da humanidade. Com a adoção, em 1948, da Declaração Universal dos Direitos Humanos, o mundo se abriu para a democracia liberal. Hoje, quase 60% dos países do mundo são democráticos (WALTER, B. F. *How civil wars start: And how to stop them. Crown*, 2022).

[8] MOUNK, Y. *O povo contra a democracia: por que nossa liberdade corre perigo e como salvá-la*. São Paulo: Companhia das Letras, 2018.

[9] Fala de Mônica Sodré em exposição na Fundação Dom Cabral sobre a instituição do Centro Global Agroambiental. São Paulo, 29 de março de 2023.

[10] O conceito de mudança do clima, já em discussão entre cientistas especializados no tema, não tinha chegado ao nível de amadurecimento político para entrar na agenda de uma conferência internacional (RICUPERO, R. À sombra do apocalipse: depoimento pessoal sobre 50 anos de causa ambiental. Rio de Janeiro: *CEBRI*, 2022). Ganhou expressão internacional e global 20 anos mais tarde, na Conferência Rio-92, quando da adoção da Convenção-Quadro das Nações Unidas sobre Mudança do Clima (UNFCCC).

naturais. Os tempos atuais, por sua vez, revelam uma agudização da crise com a natureza e com o planeta. O debate internacional remete à sobrevivência do ser humano na era do Antropoceno,[11] destaca a emergência climática como desafio de ordem planetária e explicita a necessidade urgente de conexão entre global e local.

Esse quadro de crises planetárias expõe as insuficiências do sistema de governança internacional para avançar nas mudanças de rumos e na implementação de soluções transformadoras e efetivas. É inadiável mudar a forma de pensar, de promover acordos e de agir e fazer agir. O que experimentamos hoje são tímidos avanços frente aos desafios da descarbonização da economia global e contradições no lidar com as escolhas de curto prazo e os impactos no futuro.

O que experimentamos hoje são tímidos avanços frente aos desafios da descarbonização da economia global e contradições no lidar com as escolhas de curto prazo e os impactos no futuro.

Os novos tempos se anunciam incertos marcados por crises entrelaçadas com vetores visíveis das decisões do presente. Não cabe mais no diálogo político global acreditar que as tímidas mudanças em curso darão conta de um mundo menos vulnerável às mudanças do clima e à crise com a natureza. É preciso não mais editar a verdade no curto prazo e sermos mais responsáveis com as decisões do presente. Sendo assim, a necessária pactuação política com a comunidade internacional carece de ousadia, no presente, com o futuro. Considerando a urgência do presente, é preciso agir e fazer agir na direção de perspectivas contemporâneas de bem-estar e de sociedades menos expostas a riscos.

---

[11] O Antropoceno, conceito ainda aberto e incipiente no debate científico, refere-se a uma nova era geológica que estaria em curso e que poria fim à relativa estabilidade climática que permitiu o desenvolvimento e os estilos de vida que conhecemos. Nessa nova era, o grau de intervenção humana na natureza estaria atingindo níveis biogeoquímicos mais profundos, provocando uma instabilidade em todo o sistema da Terra: geosfera, biosfera, antroposfera e tecnosfera (JUNGES, F. M. Antropoceno: uma reflexão sobre a nova era geológica e as implicações ambientais, sociais e políticas. *Revista de Geopolítica*, v. 12, n. 3, p. 54-67, 2021; VEIGA, J. E. *Sustentabilidade: a legitimação de um novo valor*. São Paulo: SENAC, 2019).

O contexto atual expõe questões complexas, compreendidas predominantemente por grupos de especialistas, formadores de opinião e poucos políticos com alcance nacional. Diante disso, é urgente que o Brasil inclua esse tema como parte da agenda política tanto dos brasileiros como das instituições públicas e privadas. A agenda ambiental-climática precisa sair de guetos e ganhar narrativa de mobilização e de engajamento num contexto intergeracional e de adesão à vida dos brasileiros. Requer que a perspectiva de tragédia seja substituída pelo tom de desafios e de implementação de soluções que o país detém num cenário do futuro que se avizinha.

É urgente e necessário que o país processe os seus conflitos e interesses para desinterditar o presente e o futuro. Precisa assumir *ownership* (propriedade) sobre os seus caminhos, feitos e malfeitos, e se reconciliar como povo, sociedade e nação. Precisa, ainda, não mais protelar as escolhas que conduzem o país a uma melhor condição econômica, ambiental, social e de bem-estar no futuro, com os valores de sua democracia repactuados e as liberdades protegidas. À sociedade brasileira cabe perder a ilusão de que o passado é editável e superar o seu imediatismo.

O Brasil tem de aprender a se ocupar das discordâncias e das divergências que as suas assimetrias territoriais, econômicas, ambientais e sociais denunciam. Um país refém da edição da verdade e do *fake* ou *parcialmente fake* não tem papel ou lugar no futuro do mundo. E, ainda, acaba por determinar ser refém do passado no presente. É urgente superar o período em que o medo apagou o Brasil do mundo e desarmar os mecanismos que promovem alienações destrutivas em massa.[12] Esse retorno será lento, penoso e conflitivo, mas se moverá na direção de um futuro melhor e mais justo.[13]

Entender o seu papel e o seu lugar no mundo contemporâneo exigirá do Brasil visão e um projeto de país, além de postura política

---

[12] Eugênio Bucci promove reflexão a respeito deste tema em "Desinformação e pane política", na *Revista Brasileira*, n. 114, 2023.

[13] GAETANI, F.; LAGO, M. *O Estado em um mundo em mudança: reflexões sobre a gestão pública contemporânea no Brasil.*

inovadora nas perspectivas global, regional, nacional e subnacional. Requererá liderança nacional e internacional, num contexto em que a descarbonização da economia global já é uma realidade. Demandará lidar com conflitos, vulnerabilidades e riscos, assim como assumir suas singularidades. O país tem alternativas, mas carece de ousadia, de audácia e de estabelecimento de *ownership*. Essa agenda envolve os temas ambiental-climático e social, a renovação da sua democracia e a leitura de mundo, conforme a seção a seguir aprofunda.

A ordem mundial em transição: um quadro de incertezas e de possibilidades

Como mencionado anteriormente, o mundo está em mudança, e a ordem política internacional encontra-se em transição. Novas realidades geopolíticas e econômicas se insinuam. Há, assim, uma combinação de tensões políticas, territoriais, econômicas, comerciais, tecnológicas, sociais e ambientais. O jogo de poder internacional envolve vulnerabilidades, riscos e incertezas, em particular, nas relações entre os países desenvolvidos e as economias emergentes.

O sistema de governança multilateral revela-se insuficiente e ineficiente para lidar com a envergadura dos problemas de ordem global/planetária. O indiscutível atraso em avançar com mais rapidez para um mundo mais justo e sustentável fragiliza as relações políticas entre governos e sociedades. Trata-se, pois, de um sistema que dá pouco em troca, custa caro e demanda reforma e repactuação no presente em vista do futuro.

A descrença ou a falta de confiança acentuam-se, em especial, no âmbito das novas gerações e do mundo em desenvolvimento. A humanidade se apequena, fica menor, desiludida com a política e insatisfeita com os governos. Nesse sentido, a desconfiança afeta a estabilidade da democracia nos sistemas políticos, dá margem à emergência do populismo e deslegitima os mecanismos vigentes de cooperação internacional.

A urgência por reformas no sistema e nos mecanismos de cooperação internacional assim como a miopia política no endereçamento de conflitos de interesses expõem as dificuldades dos governos em agir perante a tripla crise planetária. A agudização da crise com a natureza consolidou-se nos últimos 30 anos, mesmo após o consenso científico e diplomático global, na Conferência Rio-92, de que o problema era real e grave e que afetaria a todos de forma assimétrica e injusta.

Desde então, embora a visão comum pactuada sobre o problema tenha sido adotada, a necessária e urgente ação aconteceu de forma injusta, insuficiente e descoordenada, com assimetrias territoriais, financeiras, sociais e tecnológicas.[14] Nesse cenário, os problemas ambientais e climáticos vêm ganhando escala e complexidade. O ambiente do agir e do fazer agir enseja baixa confiança e credibilidade entre os países desenvolvidos e em desenvolvimento para a consecução de objetivos e resultados comuns.

A disputa pelos valores que balizam uma "estética verde" define os interesses e os conflitos intergeracionais expressos pela busca de um futuro menos incerto e menos exposto aos riscos emergentes da crise com a natureza. Além disso, acaba por esboçar os contornos de novos interesses de cooperação internacional que viabilizem as emergentes economias verdes e a consecução de *green deals* (pactos verdes). O senso comum é o de impulsionar, simultaneamente, a neutralização das emissões de gases de efeito estufa e a descarbonização da economia global, além da urgente adaptação aos impactos das mudanças do clima.

Se a sociedade global, por um lado, carece de soluções que levem, de fato, ao enfrentamento das mudanças do clima e à adoção

---

[14] INTERGOVERNMENTAL PANEL ON CLIMATE CHANGE (IPCC). *Climate Change 2022: Impacts, Adaptation, and Vulnerability.* Contribution of Working Group II to the Sixth Assessment Report of the Intergovernmental Panel on Climate Change [Edited by H.-O. Pörtner, D. C. Roberts, M. Tignor, E. S. Poloczanska, K. Mintenbeck, A. Alegría, M. Craig, S. Langsdorf, S. Löschke, V. Möller, A. Okem, and B. Rama]. Cambridge; New York: Cambridge University Press, 2022. 3056p. DOI: 10.1017/9781009325844.

de estilos de produzir e de viver reconciliados com a natureza, por outro lado, denuncia perspectivas nacionais complexas, com tensões no curto prazo e visões locais dissociadas da demanda global.

No Brasil, a conexão entre temas e a construção de narrativas inovadoras e motivadoras para as necessárias mudanças são débeis, frágeis, distantes do dia a dia dos cidadãos, além de não gozarem de destaque no poder Legislativo. A agenda ambiental-climática carece de envergadura, poder de convocação e mobilização para se traduzir em força política e econômica contemporânea.

O assunto ainda é predominantemente pautado por grupos de interesses, notadamente ambientalistas, cientistas e formadores de opinião, além da mídia e das redes sociais. Ainda é guiado pelo problema, pela ameaça e pelo risco, e com viés de tragédia, de fatalismo climático, não conseguindo engajar a sociedade de forma mais ampla e inclusiva.

Por outro lado, parece oportuno observar que a emergência climática já pauta a mudança de visão e mobiliza dinâmicas políticas no âmbito das novas gerações no país, que também se conectam mais facilmente com outras sociedades no planeta. Notoriamente, a questão ambiental-climática ainda não está presente na agenda política do país, embora seja uma realidade geopolítica em outras partes do mundo. A prioridade dada ao tema pelo governo federal poderá conferir-lhe uma outra estatura política, permitindo a preparação e a eleição de novas lideranças políticas, além de oportunas influências à modernização dos partidos políticos brasileiros.

As assimetrias entre os países e a fragilização da relação de confiança mútua também se acentuam pela complexa dinâmica de cooperação internacional de provimento de soluções tecnológicas compartilhadas e de financiamento. As soluções prescritas pela ciência demandam, por sua vez, ousadia e uma mudança profunda de mentalidade econômica. Os avanços necessários e urgentes prescindem de inovação tecnológica, do uso eficiente de recursos naturais, do redesenho das dinâmicas nacionais e internacionais de financiamento e comércio e dos comportamentos de produção e consumo, além de estilos de vida orientados pelo bem-estar e pela sustentabilidade.

Em síntese, a tripla crise planetária força os países a colocarem a problemática ambiental-climática no centro das discussões e ganha peso para influenciar cada vez mais as relações de poder.[15] A geopolítica global passa a também recepcionar os interesses da agenda climática, e a geopolítica do clima tem no Brasil um país importante, notadamente pela Floresta Amazônica como regulador climático fundamental para o planeta.[16] Mas não devemos deixar de lado os cerca de 8.500 km de zona costeira e a importância do Atlântico Sul. Poucos países no mundo têm, como nós, a oportunidade para promover crescimento econômico e inclusão social com a natureza como aliada. Crescer com a natureza (e não mais contra ela) e com inclusão social e política define o desafio do mundo, e notadamente do Brasil no século XXI.

Os loucos anos 20 do século XXI e o desafio do verde

A transformação da economia global orientada pela descarbonização, pela eficiência no uso de recursos naturais, em especial a água, assim como pela emergência da era regida pela natureza (a *Bioage*) deve mudar o mundo que conhecemos. A transição ambiental-climática tem, nos atuais anos 20, o desafio de lidar com as tensões do curto prazo e as pressões políticas e sociais pela neutralização de emissões e pela transformação dos processos de desenvolvimento sustentável.

Porém, o sistema de cooperação internacional mostra-se impróprio, assimétrico, ineficiente para lidar com os desafios impostos pela crise ambiental-climática. Os erros do passado, bem como as atuais respostas insuficientes, emolduram o contexto de aprendizado e de reflexão.[17] Soluções estreitas para crises interconectadas, a pressão de

---

[15] DALBY, S. The Geopolitics of Climate Change. *Political Geography*, v. 37, p. 38-47, 2013; STERNER, B.; BATEMAN, I. *et al*. Policy Design for the Anthropocene. *Nature Sustainability*, v. 2, p. 14-21, 2019.

[16] GATTI, L. V. *et al*. Amazonia as a Carbon Source Linked to Deforestation and Climate Change. *Nature*, n. 595, p. 388-393, 2021.

[17] SCHWAB, K. Global Challenges Require New Governance Model. *Project Syndicate*, Jan 4, 2022. Disponível em: https://bit.ly/3WrIYwD. Acesso em: 9 maio 2023.

curto prazo da demanda crescente por recursos naturais e um horizonte reduzido para lidar com a depleção desses recursos revelam a iminente mudança de como a humanidade define valor, gere e usa a natureza.

É preciso uma governança internacional que viabilize, de fato, uma trajetória sustentável e equitativa na relação do homem com a natureza e que confira papel e lugar para os países do Sul. São inúmeras as pautas de elaboração da sociobiodiversidade que o Hemisfério Norte ainda não explorou, pois conta com climas e realidades socioeconômicas, ambientais e políticas bastante diferentes daquelas encontradas no Sul Global.[18] Esses movimentos políticos devem buscar uma visão contemporânea de liderança, não alicerçada unicamente no domínio de ativos ambientais e territoriais, pois os desafios do futuro se orientam pela capacidade de o planeta continuar, ou não, produzindo vida.

O contexto desafiador requer desbloquear a agenda de sustentabilidade, notadamente os Objetivos de Desenvolvimento Sustentável (ODS) e a Agenda 2030. Requer estabelecer um inovador processo de discussão sobre as fronteiras planetárias; construir consensos com vistas à adoção de uma agenda comum, orientada pela ciência e em torno dos *global common goods*;[19] e reconhecer que países e sociedades estão interconectados pela natureza. Parece essencial que o sistema de governança internacional se movimente por interesses comuns, e não por crenças ou descrenças. Esses movimentos demandam criatividade e liderança política, ativos escassos no mundo do presente.

A necessária ação integrada e coordenada entre setores e *constituencies*[20] impõe-se pela formação e pelo adensamento de redes de interesses movidas por ação dirigida e por soluções nacionais, regionais e globais. Para que o sistema internacional possa ser remodelado e orientado para o século XXI, é necessário focar as pessoas,

---

[18] MARQUES, T. H. N.; RIZZI, D.; FERRAZ, V.; HERZOG, C. P. Soluções baseadas na Natureza: conceituação, aplicabilidade e complexidade no contexto latino-americano, casos do Brasil e Peru. *Revista LABVERDE*, v. 11, n. 1, p. 12-49, 2021.

[19] São, de maneira geral, os recursos que a humanidade compartilha no planeta.

[20] Grupos ou setores específicos da sociedade que têm interesses comuns ou estão envolvidos em determinadas questões ou problemas. Podem ser organizações, instituições, comunidades ou segmentos específicos da população.

os jeitos de viver e conviver, tendo a ciência e a natureza como pilares estratégicos da ação política e econômica.

Os esforços para a reforma do sistema multilateral esbarram na mudança da ordem internacional e em outras dinâmicas de cooperação que revelam a complexidade do diálogo político entre países e sociedades. A perspectiva de uma liderança do Sul insta por diversidade e por novos caminhos que conduzam à multipolaridade inclusiva e ao fortalecimento da democracia. Na verdade, talvez, intime por espaços além dos velhos domínios da geopolítica, dando mais lugar para a expressão do *soft power*[21] e para os interesses e valores das novas gerações.[22]

Contudo, os esforços de modernizar e de revigorar o sistema multilateral podem ser evidenciados por movimentos demandados pelos países-membros, num reconhecimento de que a humanidade vive um ponto de inflexão na história. A pandemia de covid-19 fez emergir um senso de urgência sobre a escolha a ser feita: *a breakdown or a breakthrough* (uma quebra ou uma ruptura), como destaca o relatório "Nossa Agenda Comum". Esse relatório, publicado por ocasião dos 75 anos da Organização das Nações Unidas (ONU), busca dar início a um novo momento do multilateralismo[23] e é permeado por um sentido de urgência. Nele, são apresentados 12 compromissos,[24] alinhados com os Objetivos de Desenvolvimento

---

[21] Trata-se do poder de influência, por meios políticos, culturais ou ideológicos.

[22] ABDENUR, A.; TEIXEIRA, I.; WAGNER, J.; ABRAMOVAY, P. *Clima e estratégia internacional: novos rumos para o Brasil*. Prefácio de Celso Amorim. São Paulo: Cipó, 2022.

[23] ORGANIZAÇÃO DAS NAÇÕES UNIDAS (ONU). Relatório da ONU, "Nossa Agenda Comum", propõe resposta integrada aos desafios globais. *Nações Unidas no Brasil*, 10 set. 2021. Disponível em: https://bit.ly/3WpVSeq. Acesso em: 18 maio 2023.

[24] Os 12 compromissos propostos pelo Secretário-Geral da ONU, "Nossa Agenda Comum", são: (a) Não deixar ninguém para trás; (b) Proteger o planeta; (c) Promover a paz e prevenir conflitos; (d) Agir de acordo com a lei internacional e assegurar justiça; (e) Pôr mulheres e meninas na centralidade da agenda; (f) Construir confiança; (g) Aperfeiçoar a cooperação digital; (h) Realizar *upgrade* da ONU, com novos espaços de governança e de inclusão da sociedade; (i) Assegurar o financiamento sustentável internacional; (j) Impulsionar as parcerias; (k) Ouvir e trabalhar com os jovens; (l) Estar preparado (para responder às complexas crises globais).

Sustentável (ODS), das Nações Unidas, que buscam retomar a confiança e a solidariedade da humanidade para a construção de uma vida melhor, mais segura e mais sustentável.

A retomada da solidariedade global é central para que os caminhos de trabalho conjunto expressem dinâmicas contemporâneas de cooperação internacional. Nesse sentido, o mesmo relatório da ONU enfatiza que os tempos são de renovação e propõe uma sequência de cúpulas voltadas para a reforma do sistema de Bretton Woods,[25] para uma repactuação do contrato social e o destravamento da agenda de sustentabilidade, além de uma cúpula para debater o futuro. Esses processos são também norteados pelo consenso em torno do fim da "infodemia" e pela observância do papel da ciência para tomadas de decisão orientadas e para a integridade da informação pública.

> *A retomada da solidariedade global é central para que os caminhos de trabalho conjunto expressem dinâmicas contemporâneas de cooperação internacional.*

Esses desafios se somam à construção de métricas complementares que permitem traduzir, de fato, a prosperidade econômica, o progresso e o bem-estar, indo além do consolidado indicador do produto interno bruto (PIB). Além disso, fazem emergir a premência de lidar com os *trade-offs*[26] dos ciclos de curto prazo e estabelecer os novos ritos de longo prazo e os compromissos intergeracionais.

Todas essas trajetórias de renovação e robustez do multilateralismo orientam-se pela perspectiva de uma ONU mais efetiva, unida e eficiente, alicerçada em redes e dedicada às soluções das crises globais, com foco nas pessoas e no planeta. Cabe ressaltar que, a despeito da importância intrínseca das propostas, o debate político sobre a emergência das crises globais expõe dilemas que encerram

---

[25] Projetado para estabelecer uma ordem monetária internacional estável e previsível após o fim da guerra, estabeleceu o Fundo Monetário Internacional (FMI) e o Banco Internacional para Reconstrução e Desenvolvimento (BIRD).

[26] Trata-se de escolhas entre duas ou mais opções, em que eleger uma opção significa renunciar à(s) outra(s).

velhos problemas no exercício do poder da própria ONU e de seus domínios no mundo frente a novos contextos.

Nessa conjuntura, a recolocação do sistema multilateral parece carecer de estruturas político-institucionais que permitam uma reflexão franca e profunda sobre a multidimensão das vulnerabilidades e sobre as reais escolhas a serem feitas para permitir sociedades menos expostas a riscos; nossas vulnerabilidades devem ser consideradas no centro do debate.

Os desafios que cercam o mundo e o sistema multilateral são contemporâneos. A mentalidade em torno da negociação e da tomada de decisão parece ser refém de contextos geopolíticos que ameaçam quaisquer mudanças estruturadas que levem, de fato, no curto prazo, às perspectivas estratégicas da transformação da economia global.

Por outro ângulo, a falha do sistema financeiro internacional em lidar com os efeitos das crises globais atuais e amortecê-los determina a urgência da sua reforma para um alinhamento com o desenvolvimento mais inclusivo e sustentável. Mostra-se essencial a reforma desse sistema, de forma a permitir, de fato, o financiamento para a transição da economia global. Além disso, cabe ressaltar um ponto crítico desse desafio, que é o frágil acesso do Sul Global à governança do financiamento internacional. A priorização demanda alinhamento de visão, convergência de interesses e uma escalada de investimentos de longo prazo para o desenvolvimento sustentável, resiliente e inclusivo.

É preciso rever mandatos e trajetórias dos bancos multilaterais de desenvolvimento e definir um novo acordo entre os sistemas público e privado de financiamento. Esse processo precisa ser guiado por caminhos alternativos de soluções com escala que não perpetuem os atuais domínios de poder, os quais não geram, por sua vez, confiança e credibilidade na comunidade internacional, em particular na relação Norte-Sul. Identificar rotas alternativas e inovadoras de financiamento é um movimento desafiador que ao mesmo tempo cria oportunidades e lida com as adversidades. Uma postura orientada pela sustentabilidade e pela emergência climática precisa ser adotada, observando-se, no entanto, como dirigir investimentos que vão promover o crescimento potencial e sustentável dos países.

Nada disso avança sem as reformas para uma agenda global de desenvolvimento mais ambiciosa nem sem a motivação, de fato, dos atores políticos que podem operar como *deal makers* (fazedores de acordos). Quais são os pactos necessários para prover soluções concretas aos desafios dos países em desenvolvimento e de baixa renda, tais como dívida pública, inflação e viabilização de financiamento público e privado? Como acelerar a implementação da Agenda 2030 nesses países ou motivar países do G7 e do G20 a serem criativos e promoverem novas narrativas em torno de soluções, como no sistema de comércio internacional ou no acesso à tecnologia e à educação?

O sistema multilateral exige novos compromissos, mais permanência dos amigos da ONU, mais suporte e transparência, novas narrativas de interesses comuns e trajetórias compartilhadas. É importante assegurar a ONU como provedora de soluções, e, para isso, ela precisa ter papel de liderança nas mudanças necessárias. Isso requer lidar com as incertezas da transição e compartilhar uma inteligência coletiva orientada por propósitos e resultados, adotando, para isso, um processo ousado de mudança de narrativas e de redefinição de valores. As ações devem ter proatividade de objetivos, e não perspectiva corretiva: reconhecer os erros, redefinir os valores e criar uma perspectiva de futuro.

No atual século, a convergência das eras climática e digital-tecnológica com a emergência da biológica recepciona, ainda, o crescimento e o envelhecimento da população mundial como parte das perspectivas desafiadoras das trajetórias alternativas no âmbito do desenvolvimento sustentável inclusivo e resiliente. O envelhecimento da população é resultado da transição demográfica por meio de expectativas de vida mais longas e de redução das famílias, além de ser um testamento do progresso da civilização. Ao mesmo tempo, numa visão de longo prazo, o envelhecimento afeta cada vez mais os sistemas econômicos, da saúde à educação, e se reflete na demanda crescente de provisão, por parte de governos e sociedades, e de serviços de cuidado.

De maneira expressiva e singular, o envelhecimento da população revela os desafios impostos aos países no que tange ao provimento de benefícios da longevidade ante quadros de desigualdade abismais. Sabemos que níveis de pobreza nas idades mais avançadas afetam, em particular, as mulheres, que têm menor participação nos mercados formais de trabalho, menores salários e carreiras mais curtas. Portanto, a insegurança econômica afeta de forma contundente a agenda de gênero, acentuando a complexidade da luta contra as diferenças entre homens e mulheres.

O envelhecimento da população denuncia ainda outra dimensão do desafio de construir sociedades sustentáveis para pessoas de todas as idades. Como assegurar o desenvolvimento sustentável e a segurança para as populações mais velhas, sendo que a emergência da economia do cuidado colide com a fragilidade dos sistemas de segurança alimentar, hídrica e climática, bem como de saúde pública global? A disponibilidade de recursos naturais para atender uma demanda crescente por recursos e serviços ambientais é um fator-chave para o futuro.

O quadro global de conexão de crises e de temas determina a complexidade não somente dos problemas a serem enfrentados, mas também das soluções orientadas pela agenda verde. A superação da cultura de privilégios – que acentua as assimetrias ambientais, sociais e econômicas entre as sociedades – define as responsabilidades de mudança às elites do poder e denuncia os desafios da redefinição das bases do debate sobre os aspectos ambientais e sociais no mundo.

O enfrentamento à crise ambiental-planetária requer outra visão de mundo e uma pactuação política inovadora e robusta em torno de convergência de interesses e corresponsabilidades. O desafio de um planeta social e ambientalmente seguro tem como ponto de partida a transição climática e o enfrentamento às desigualdades.

Lidar com os *trade-offs* do *phasing down* (redução progressiva) e do *phasing out* (eliminação completa) na escolha das trajetórias de descarbonização vai além das agendas de transição energética, industrial, do uso da terra ou da água, exigindo visão estratégica e pactuação de trajetórias que permitam crescimento econômico inclusivo.

Na perspectiva da transição climática e biológica, é importante encarar a emergência do novo, mas também é essencial saber manejar a descontinuidade do que se tem hoje. Ou seja, a interrupção do desmatamento nas florestas tropicais não assegura, ao mesmo tempo e na mesma proporção, a redução das desigualdades sociais entre os diretamente afetados pela insegurança climática. Portanto, a transição para uma nova relação entre a humanidade e a natureza precisa viabilizar respostas mais amplas, que conectem narrativas e que permitam o engajamento das pessoas. Tais respostas devem proporcionar, também, escolhas orientadas pela ambição da transformação e pelo compromisso com o não retrocesso.

Brasil: de qual destino o país escolhe se ocupar?

Os atuais esforços para a reforma do sistema internacional também recaem sobre os países-membros considerados individualmente, com seus interesses e olhares guiados pelas condições do presente e do futuro. Os modernos arranjos indutores de cooperação vão além dos interesses tradicionais, como comércio e acesso à inovação. Esses arranjos se voltam também para a combinação de agendas à luz da segurança climática, alimentar e energética, do uso eficiente de recursos naturais, do enfrentamento às desigualdades, do acesso à infraestrutura física e digital-tecnológica, da proteção da natureza, entre outros interesses. Tal quadro coloca em evidência países com tradição diplomática, jurídica e comercial, detentores de ativos ambientais, provedores de soluções, confiança e solidariedade, e criteriosos no exercício de corresponsabilidades.

O mundo experimenta um momento de otimismo e esperança em relação ao Brasil, particularmente no enfrentamento às crises globais ambiental-climáticas, sociais e democráticas. Espera-se um país capaz de prover estratégias resilientes, orientadas por uma compreensão dos riscos na sua trajetória de desenvolvimento. A geopolítica climática confere ao Brasil relevante e estratégico papel, notadamente em razão da Amazônia, uma vez que a segurança climática do planeta passa por sua conservação e restauração, conforme já demonstrado pela ciência.

O Brasil detém singularidades (a Amazônia; uma zona costeira continental, com o Atlântico Sul; o Pantanal) e alternativas diversas de crescimento aliado à natureza. Embora seja, segundo a Nasa, o país que mais produz vida no planeta, nossa sociedade lida com desconhecimentos e incertezas e está exposta a recorrentes retrocessos no seu processo de desenvolvimento. Assim, o país experimenta impasses injustificáveis em relação à agenda ambiental-climática e a suas implicações para a representatividade democrática e a justiça social. Carecemos de ousadia alicerçada numa ambição de desenvolvimento estruturada, mais permanente, não esporádica ou reativa, e dirigida por menor exposição a riscos e custos adicionais.

Se dispõe de possibilidades e alternativas para avançar na descarbonização da economia, o país, no entanto, falha na dimensão político-institucional da agenda ambiental-climática, que não existe, de fato, como prioridade política. Ou seja, o debate em torno desse desafio é pouco centrado nas pessoas, pouco representativo, equitativo ou transparente, tampouco é orientado para o futuro, de forma a promover engajamento e compromisso por parte dos brasileiros e de suas lideranças. Os vínculos com as futuras gerações são ainda frágeis ou insuficientes.

O Brasil experimenta, assim, um momento singular em relação à agenda ambiental-climática: uma vontade política mundial de se aproximar bilateral, regional e multilateralmente e uma distância desconfiada e cautelosa de lideranças políticas locais e de sua sociedade. Os desafios demandam a retomada do diálogo bilateral, regional e multilateral e a busca pela reinserção internacional, tendo nessa agenda um dos pilares designadores dos interesses nacionais.

Isso requer proatividade estruturante

(não reativa), compromisso de longo prazo e ambições realistas de transformação econômica e de avanços sociais.

Nessa perspectiva, a crise de criatividade política para lidar com o futuro é uma realidade do Brasil de hoje. Como lembra Niels Bohr, vencedor do Prêmio Nobel de Física, fazer previsões, principalmente sobre o futuro, é complicado. Porém, os tempos são outros, e o mundo segue com as evidências indiscutíveis de sua transformação: as ações humanas, tomadas em seu conjunto, provocam mudanças de escala planetária, e as consequências dessas ações se revelam no longo prazo.[27] O Brasil terá de lidar com o tempo e a perspectiva intergeracional de outros modos, com dinâmicas criativas e contemporâneas na relação público-privado, na interlocução Estado-sociedade, nas novas rotinas institucionais e na interação com o mundo.

Esse contexto complexo exige visão estratégica e pactuada, bem como percepção objetiva sobre o seu papel e seu lugar no mundo, de forma a também propiciar o engajamento político da sociedade e de suas forças políticas democráticas. Trata-se de estabelecer um diálogo não mais com o passado, mas com o futuro, sob perspectivas propositivas, densas, inovadoras e em escala. Embora o país detenha alternativas e singularidades, como ativos ambientais e climáticos, o seu maior desafio político reside na capacidade de ser ousado e audacioso na visão e na capacidade de operar em redes de interesses convergentes, fazendo do *soft power* o elemento estruturante da sua reinserção internacional.

Tal desafio não deve estar condensado somente no Poder Executivo federal. É preciso articular as relações federativas e os papéis dos poderes Legislativo e Judiciário. Requer, para isso, que o país devolva o passado para o passado e compreenda a importância de uma nova relação com a sociedade e da contemporização de suas instituições públicas. É preciso haver um Estado acabado, eficiente, aberto, transparente, contemporâneo e que tenha o futuro como aliado. As boas

---

[27] OLIVEIRA, L. A. Tecnodiretrizes: formas, impactos, horizontes. *Revista Brasileira*, n. 114, p. 103, mar. 2023.

ideias que nos trouxeram até aqui precisam ter o seu prazo de validade observado. Outras boas ideias devem ter espaço para nos levar mais adiante, com mais equidade, competitividade e democracia.

Então, o que não está sendo percebido pela sociedade brasileira? O complexo quadro de crises que se cruzam nos tempos atuais revela uma disrupção civilizatória, com uma multiplicidade de derivas ambientais, políticas, cognitivas. Esse cenário demanda uma urgente transmutação da humanidade em relação à natureza e ao planeta. É, ainda, relevante compreender a complexidade do desafio em alinhar olhares, interesses e agendas brasileiras com países desenvolvidos e economias emergentes sob o prisma ambiental-climático.

Quais contextos podem ser influenciados pela "volta do Brasil" ao cenário internacional e como isso pode ter ressonância no país? A equação do problema e a sua solução não estão dadas. Apresentam claro apelo, é verdade, pela agenda ambiental-climática. Mas as condições de diálogo com o futuro não estão presentes de forma coordenada, tampouco estão no imaginário político do país.

O futuro ainda não é claro no Brasil de hoje, embora certa vontade política se insinue por parte de alguns segmentos da sociedade e de algumas lideranças. Falta *ownership* de um processo de desenvolvimento inovador e desafiador, guiado por uma economia descarbonizada, por trajetórias robustas de desenvolvimento humano e social e por uma natureza protegida e valorizada. Ou seja, um processo orientado para um país melhor no futuro, menos exposto a riscos, mais longevo e mais feliz.

> *O futuro ainda não é claro no Brasil de hoje, embora certa vontade política se insinue por parte de alguns segmentos da sociedade e de algumas lideranças.*

A repactuação da relação do homem com a natureza define a urgência do presente e insinua a premência do futuro. A dimensão político-institucional da agenda ambiental-climática demanda superar o tom de tragédia para o real engajamento e comprometimento da sociedade brasileira. A Amazônia deve ir além do imaginário político da agenda da comunidade internacional. É preciso compreender de forma mais precisa sua importância para o Brasil. A Amazônia de pé, o Brasil de pé para o seu povo e para o mundo.

Os atores subnacionais se movimentam, por meio de consórcios regionais ou temáticos, ainda de forma pouco coordenada e efetiva. O sistema judiciário acolhe a agenda pelos rumos da litigância climática, e a sociedade avança em movimentos, sob o guarda-chuva da justiça climática e da inclusão política e social. A democracia e a nossa Constituição afirmam os espaços políticos e legais à consecução de outras narrativas, conduzidas pela conectividade de temas e de entendimentos pactuados. As novas gerações se juntam, alinham-se e fomentam as redes sociais e os formadores de opinião sobre a emergência climática e sobre a "conta empurrada para adiante". As peças se movimentam, ainda que de forma aleatória, e a Amazônia faz parte do imaginário político de grupos de interesse, mas sem uma pactuação orientada pelas premissas dos interesses comuns, convergentes, numa perspectiva de longo prazo.

O momento é de escolhas importantes, estruturantes, ousadas, inovadoras e orientadas por soluções inclusivas e resilientes. Essas escolhas também devem ser guiadas pela ambição da nossa democracia fortalecida no presente e no futuro. Os anos 2023, 2024 e 2025 delineiam o tempo e as plataformas que o país e sua sociedade têm para pactuar interna e externamente o que querem dessa agenda e como vão viver e conviver com o futuro. O país promove a Cúpula da Amazônia em 2023, preside o G20 em 2024 e deve sediar a Convenção-Quadro das Nações Unidas sobre Mudança do Clima (COP30), que marcará os 10 anos do Acordo de Paris.

A Cúpula da Amazônia traz a voz da cooperação regional e uma retomada importante do diálogo coordenado entre o Brasil e os seus vizinhos amazônicos. Fomenta-se, assim, um aprendizado de como podemos e devemos agir, de forma mais alinhada, numa estratégia de integração regional e de enfrentamento às mudanças do clima que seja inclusiva, mais justa e descarbonizada.

Os povos tradicionais têm expressão singular e contemporânea em fazer avançar o desenvolvimento econômico, social e humano, a ciência e o conhecimento tradicional na emergência das novas economias e das Soluções baseadas na Natureza. A expressão dos bens únicos na proteção da natureza e na conservação da biodiversidade exige ousadia ao Brasil e aos seus vizinhos em acelerar a *Bioage*, tendo a natureza como aliada do crescimento econômico inclusivo, e trazer o futuro para o novo presente. O crescimento junto à natureza tem, na diversidade de culturas e de saberes da região da Amazônia, um dos pilares da proteção e o desenvolvimento sustentável da Bacia Amazônica.

Requer-se do país a superação do imediatismo climático e das visões distorcidas sobre a importância e a magnitude da agenda ambiental-climática. Os desafios dizem respeito a trajetórias inclusivas e mais justas de desenvolvimento, as quais o país busca protagonizar. Mas é complexo buscar a convergência de visões de outras sociedades sobre a questão da mudança do clima. O mundo orienta-se pela ambição de superação da energia fóssil, problema que engloba países desenvolvidos e emergentes, notadamente China, Índia e África do Sul. Para nós, a dificuldade não reside, prioritariamente, no campo da transição energética, uma vez que as nossas matrizes energética e elétrica conferem outra estatura de desafio ao país. A prioridade brasileira recai sobre o uso da terra, isto é, a superação do desmatamento na Amazônia e no Cerrado e a descarbonização da agricultura tropical brasileira, de forma inclusiva e sustentável.

Assim, a maneira como o Brasil ingressa no debate climático internacional é diferente da do resto do mundo, em razão da sua matriz renovável e das alternativas de avanço na bioenergia, no hidrogênio verde e em outras fontes renováveis. A dimensão política e econômica da agenda climática brasileira referencia a natureza, e não a dependência de combustíveis fósseis, como no resto do mundo. Essa perspectiva instiga e inspira o país a inovar nas conversas junto à comunidade internacional e buscar pautas que permitam convergir interesses em visões tão distintas e desafiadoras. Além disso, evidencia uma sociedade que deve se voltar para o mundo de forma solidária e afirmativa em relação ao que nos desafia e nos mobiliza.

Sendo assim, a presidência do G20, em 2024, deve levar a uma melhor organização de posições e disposições. A promoção de uma

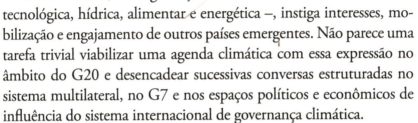

conversa estruturada, que conecte prioridades – como o enfrentamento à pobreza, à fome e às desigualdades; a valorização da biodiversidade; e a segurança tecnológica, hídrica, alimentar e energética –, instiga interesses, mobilização e engajamento de outros países emergentes. Não parece uma tarefa trivial viabilizar uma agenda climática com essa expressão no âmbito do G20 e desencadear sucessivas conversas estruturadas no sistema multilateral, no G7 e nos espaços políticos e econômicos de influência do sistema internacional de governança climática.

Um dos temas mais pronunciantes do debate global no âmbito do multilateralismo, do G7 e do G20 envolve a agenda de financiamento climático internacional. Mas a reforma do sistema de Bretton Woods, em curso, propiciará lugar mais dedicado aos países do Sul Global na governança do sistema emergente dos bancos multilaterais de desenvolvimento? Essa perspectiva é de especial interesse aos países do G20, e a presidência do Brasil deve levar a visões promissoras e coordenadas de diálogo e assertividade de interesses, num reposicionamento estratégico para a reconstrução de confiança e credibilidade nas relações Sul-Norte.

A presidência do Brasil contará, ainda, com um arranjo inovador do T7-T20, uma parceria de *Think Tanks* dos países do G7 e G20, para dar suporte em conteúdo técnico, institucional, científico e tecnológico à presidência do Brasil, e promover a continuidade dos temas prioritários a serem conduzidos pelos países no âmbito dos arranjos político-institucionais que organizam os processos do G20. Trata-se de uma oportunidade estratégica de engajamento de atores e de discussão de visões acolhendo a diversidade de escolas de pensamento sobre a urgência dos problemas globais. Esse espaço poderá promover dinâmicas convergentes de diálogo com os arranjos do C-20 (sociedade civil), F-20 (filantropia) e o B-20 (*Business*).[28]

---

[28] O T20 no Brasil terá o IPEA, a FUNAG e o CEBRI como instituições-pilares do processo de assessoria ao G-20 no Brasil.

Sediar a COP30 vai além dos interesses nacionais e regionais da Amazônia, sem perder de vista o papel de segurança climática que a maior floresta tropical do mundo confere ao país. A COP30, em 2025, encerra os 10 anos do Acordo de Paris. O Brasil, que foi um dos países-líderes da construção, negociação e consecução do Acordo, adotará quais caminhos para uma mobilização estratégica internacional na década de 2025-2035? A importância das relações bilaterais, notadamente com países que promoveram as trajetórias que levaram o mundo a Paris, demanda revisitas e ambição como nortes para as conversas que se desdobrarão na década adiante.

Os desafios da agenda ambiental-climática modelam os limites e as novas fronteiras do desenvolvimento do país. As soluções brasileiras passam por maior produtividade, alternativas econômicas e, em parte, pelo reconhecimento de um custo real adicional que envolve a compensação de emissões para conservar a natureza. A comunidade internacional demanda clareza sobre o montante de carbono a ser alocado com essa finalidade e sobre a estratégia de financiamento; isto é, quanto é arcado fiscalmente e quanto deveria ser apoiado pelo custo de abatimento global de emissões e responsabilidade compartilhada.

Esse é um dos eixos dos potenciais de investimento internacional e nacional público e privado no Brasil, mas parece ser recomendável haver números ou quantificações acordadas. A definição do que o país realmente demanda de recursos adicionais para a proteção da Amazônia (e do Cerrado) parece ser, cada vez mais, a pergunta de um trilhão de dólares. É urgente sermos mais claros em relação às formas e aos montantes quantificados no provimento de *"removals by sinks"*[29] como benefício global para atender metas de manutenção da temperatura global *versus* as necessidades nacionais de benefício econômico e social.

Pode ser uma oportunidade única para traduzir em termos concretos o legado da COP15 da Convenção da Diversidade Biológica, nas trajetórias da segurança climática, de eficiência no uso de recursos

---

[29] Processos naturais ou tecnológicos que absorvem e retêm gases de efeito estufa da atmosfera.

naturais e da conservação da natureza e de bens únicos. A contemporaneidade esperada do Brasil deve evidenciar a emergência dos novos valores, orientados por uma inovadora relação da humanidade com a natureza, além de atendimento às necessidades de desenvolvimento do país. Afinal, embora o reconhecimento global desses temas se consolide na Rio-92, a transformação que os regimes climático e da biodiversidade preconizam pode acontecer, de fato, no Brasil de 2023-2025. É por aí que o otimismo inconsciente do mundo com o Brasil pode ser transformador de realidades e de perspectivas.

Parece estratégico termos uma marca, uma identidade contemporânea de país e de reinserção no mundo. Para isso, é urgente repactuar a relação política com a ciência e lidar geopoliticamente com agendas prioritárias que tratam das fronteiras planetárias, dos bens e do patrimônio comuns e das corresponsabilidades derivadas. Parece relevante construir posições afirmativas e coerentes sobre temas que alicerçam a dimensão global-planetária dessa agenda.

Ainda, os interesses políticos e econômicos associados não convergentes à visão e à ambição de liderar por soluções devem ser desnudados e enfrentados. A justiça climática é, antes de tudo, uma justiça social, uma oportunidade de lidar com as assimetrias nos direitos civis, humanos e ambientais que nos trazem, até aqui, incompletos como sociedade.

O Brasil não tem lugar menor na trajetória das eras climática e biológica. No entanto, precisa ter a ambição de se ocupar, de fato, do seu destino. Tem de ir além do curto prazo e das polarizações guiadas pelo vazio, pela ignorância e pelo retrocesso. A liderança esperada pela sociedade global contemporânea não é analógica, e sim alinhada com a natureza e o mundo digital-tecnológico. Então, que venha o futuro, com liberdades, criatividade, inclusão, bem-estar, natureza, conhecimento – e com essa gente bronzeada mostrando o seu valor e as suas responsabilidades por um planeta mais saudável e um mundo mais desenvolvido, justo, democrático e feliz. Por que não?

CAPÍTULO 2

A governança da agenda pública brasileira

O que o Brasil quer ser quando crescer?

Nenhum país renuncia a suas possibilidades de crescimento. Entretanto, qualificar qual desenvolvimento se deseja para a nação é um desafio considerável. Nós, brasileiros, temos a capacidade e a ousadia para engendrar uma visão comum de um país melhor no futuro? Como queremos ser parte do mundo? Obviamente, em um país tão singular como o nosso, há linhas e entendimentos diversos, conflitantes e por vezes antagônicos. Mas há que encontrar um cerne aglutinador que seja o projeto nacional, e isso exige capacidade de diálogo e de construção entre diversos setores da sociedade.

Ainda que os cenários se mostrem nebulosos, é necessário que a sociedade desenvolva a capacidade de se ver no futuro, de *envisioning*. Como abordado no capítulo anterior, no cenário nacional e internacional, uma série de fatos desestabilizadores ocorreu em um curto espaço de tempo. Tudo isso eclipsou a atenção que deveria ter sido dada à Agenda 2030, desenvolvida pela ONU, que, em 2015, lançou os 17 Objetivos de Desenvolvimento Sustentável (ODS), instrumentais para apoiar agendas nacionais de médio a longo prazo.

A confluência de crises, como pandemia de covid-19, mudança climática e guerras, atingiu em cheio a alimentação e a nutrição, a saúde, a educação, o meio ambiente, a paz e a segurança, afetando, também, a trajetória dos ODS.[30] Esses reveses impediram

---

[30] UNITED NATIONS. *The Sustainable Development Goals Report 2022*. New York: United Nations, 2022. Disponível em: https://bit.ly/3q0vFag. Acesso em: 12 maio 2023.

o aprendizado cumulativo e em escala nacional sobre o tema da sustentabilidade, sempre de difícil inserção no debate brasileiro, conturbada por prioridades imediatistas.

Na medida em que a proteção à natureza ganha força política, devido à sua capacidade de reduzir riscos, gerar riquezas e também engendrar soluções para as mazelas mundiais, o país se vê diante da chance de liderar o debate no eixo Sul do globo. É o chamado Green Global South, conceito voltado à retomada econômica sob um novo olhar de desenvolvimento, que concilia o capital natural com o social, bem como abre uma perspectiva estratégica e inovadora de retomada da liderança brasileira.[31] Justamente por sua característica conciliadora, essa perspectiva implica o engajamento de diversos setores da sociedade e reforça a importância da multidisciplinarie-dade e dos processos democráticos na formação da agenda pública.

Entretanto, mais de três décadas após a Constituinte, o Brasil viu-se fraturado, polarizado e sofrendo com o fechamento dos espaços democráticos e de participação social, como os conselhos extintos no início do Governo Bolsonaro. Embora o Conselho Nacional do Meio Ambiente (Conama), por exemplo, já viesse enfraquecido, era impensável a sua destruição, que de fato ocorreu em maio de 2019, durante a gestão de Jair Bolsonaro, sem que houvesse uma reação à altura por parte da sociedade brasileira em geral. Além da redução de 21 assentos para a sociedade civil para 4, o fim da participação do Ministério da Saúde foi considerado um dos aspectos mais graves da decisão, uma vez que a definição de parâmetros de qualidade ambiental do ar e da água, por exemplo, está diretamente ligada à saúde.

A repactuação do socioambientalismo com a sociedade é uma necessidade urgente. Precisa ocorrer de maneira participativa e dentro de uma perspectiva que considere o meio ambiente como possibi-lidade de desenvolvimento e, mais que isso, como um assunto de importância geopolítica, no qual a agenda climática converge com

---

[31] ABDENUR, A.; TEIXEIRA, I.; WAGNER, J.; ABRAMOVAY, P. *Clima e estratégia internacional: novos rumos para o Brasil.* São Paulo: Plataforma Cipó, 2022. Disponível em: https://climainternacional.plataformacipo.org/wp-content/uploads/2022/11/Clima-e-estrategia-internacional-COP27.pdf. Acesso em: 12 maio 2023.

a da inovação, conectando o futuro às demandas do presente, com crescimento e inclusão social.

A discussão sobre uma agenda de futuro tem acontecido em países como Alemanha, Estados Unidos e China, enquanto o Brasil ainda não conseguiu fazer essa operação do ponto de vista do imaginário nacional. Há, decerto, iniciativas no campo da economia verde e do ESG,[32] mas não de uma forma coesa, como parte de um arcabouço nacional de desenvolvimento sustentável, apesar de esse tema ser objeto de diversas proposições por parte da sociedade civil organizada e da comunidade acadêmica (ver box).

O debate político e acadêmico está vivo e presente na sociedade civil brasileira, também expresso em diversas publicações de autores e iniciativas de destaque. Algumas delas são:

O livro *Muito além da economia verde*, publicado em 2012, ano em que o Brasil recebeu a conferência Rio+20. Seu autor, Ricardo Abramovay, é professor sênior do Programa de Ciência Ambiental do Instituto de Energia e Ambiente da Universidade de São Paulo (IEE-USP). A obra abarca uma perspectiva de longo prazo para o Brasil e considera fundamental o debate social nesse processo.

A publicação *Clima e estratégia internacional: novos rumos para o Brasil*, resultado de consultas com 70 atores de diversos setores. O trabalho aponta caminhos para uma estratégia que alie ação climática ao desenvolvimento inclusivo e sustentável, assim como a defesa do multilateralismo e de uma governança global justa e efetiva. Trata-se de iniciativa da plataforma Cipó, em parceria com a Fundação Perseu Abramo.

---

[32] A sigla ESG representa os critérios ambientais, sociais e de governança utilizados para avaliar e influenciar o desempenho e a sustentabilidade de uma organização ou setor.

> A série de cadernos de propostas da iniciativa Clima 2030 propõe alternativas para um desenvolvimento sustentável, com base na descarbonização da economia, na justiça e na inclusão social. ∎

O Brasil padeceria, inclusive, de um autoengano. Em artigo no qual avaliaram detalhadamente a autoimagem climática brasileira entre 1989 e 2019, os autores da Universidade de Brasília (UnB) Matias Alejandro Franchini e Eduardo Viola concluíram que, em quase todo esse período, as autoridades brasileiras implantaram um "mito climático", uma autoimagem distorcida que exagerava as características do país em suas três dimensões: poder, comprometimento e liderança. A falsa ideia de um *trade-off* entre ambientalismo e desenvolvimento ainda persiste fortemente no país – o que facilita o polo predador, pois, diante dessa oposição, a sociedade opta por crescer a qualquer custo.[33]

Um exemplo é a ideia dicotômica para a Amazônia, como se as únicas opções fossem o "santuário" ou a ocupação predatória. Nessa polarização, são altos os riscos de escolha da segunda opção, ignorando-se a diversidade de oportunidades econômicas que as diversas mesorregiões amazônicas apresentam, como mostra o *framework* das Quatro Amazônias: cidades, áreas convertidas, áreas de transição e áreas conservadas. Cada uma delas apresenta perspectivas socioeconômicas completamente distintas.[34]

O quadro exige que as lideranças nacionais, de diversos setores, compreendam o mundo contemporâneo no âmbito de uma irreversível reestruturação produtiva rumo à economia de

---

[33] FRANCHINI, M. A.; VIOLA, E. Myths and Images in Global Climate Governance, Conceptualization and the Case of Brazil (1989-2019). *Revista Brasileira de Política Internacional*, v. 62, n. 2, 2019.

[34] O *framework* foi elaborado por Uma Concertação pela Amazônia, rede que congrega mais de 400 lideranças, entre empresários, pesquisadores, artistas e representantes da sociedade civil e dos governos, e que tem como objetivo encontrar caminhos que aumentem a qualidade de vida para a população amazônica, enquanto estabelece a região como grande removedora líquida de emissões de carbono. Ver https://concertacaoamazonia.com.br/4-amazonias/.

baixo carbono e sua inexorável digitalização. Isso implicaria a reconfiguração das estruturas dos parques industriais nas formas de produzir, consumir e obter energia, assim como a eficiência no uso de recursos naturais.

Existem exceções. Nas alas mais progressistas do agronegócio, há sinais de que a preocupação ambiental começa a ser incorporada aos negócios, inclusive por observarem no campo os efeitos deletérios das mudanças do clima. Um estudo publicado em 2021[35] pelo *Social Responsibility Journal* mostrou que empresas desse setor aumentaram a transparência sobre seus impactos socioambientais ao serem percebidas pela sociedade de forma cada vez mais negativa.

O setor financeiro também já sentiu os ventos da mudança, soprados pelos bancos centrais de todo o mundo, especialmente com a onda ESG, que propõe atrelar critérios ambientais, sociais e de governança corporativa às decisões de investimento e concessão de crédito. As finanças e seus novos instrumentos podem e devem ser uma das alavancas de transformação.

O primeiro desafio que se impõe às lideranças é trazer essas dinâmicas políticas para uma ampla discussão sobre o desenvolvimento sustentável do país. Desenvolvimento é um tema amplo demais para ficar restrito à perspectiva ambiental *stricto sensu*. Esta, ainda muito autorreferente, acaba adotando a postura *"losing but happy"*, em que perde disputas, mas se fortalece aos olhos de seus pares, com a consciência tranquila por ter feito sua parte, enquanto os problemas da sociedade e do ambiente não são resolvidos. Por outro lado, é inconcebível setores como energia, mineração, transporte, indústria e agricultura continuarem a ignorar a questão ambiental, tratando-a como um estorvo resumível a custos adicionais.

> *é inconcebível setores como energia, mineração, transportes, indústria e agricultura continuarem a ignorar a questão ambiental, tratando-a como um estorvo resumível a custos adicionais.*

---

[35] LOVEJOY, T. E.; NOBRE, C. Amazon tipping point. *Science Advances*, v. 4, n. 2, p. eaat2340, 2018.

O enquadramento dessa discussão começa, portanto, em um movimento de convergência, o que inclui situar a agenda ambiental no contexto do desenvolvimento, chamando-a à responsabilidade na criação das soluções. Também cabe à agenda ambiental entender a governança como uma instância na qual o governo interage com múltiplos grupos de interesses, tendo outros atores da sociedade civil, do setor privado, da comunidade científica e da esfera internacional como corresponsáveis pelo encaminhamento de soluções sustentáveis para impasses paralisantes. Novos contornos envolvendo os setores de uso da terra podem superar a polarização entre os setores produtivos e o meio ambiente.

É de grande serviço o conhecimento disponibilizado à sociedade a partir dos saberes dos povos indígenas,[36] das populações tradicionais e quilombolas e da comunidade acadêmica, quando exposto de forma amigável e didática. Um exemplo oriundo da comunidade acadêmica foi o conceito apresentado por Carlos Nobre e Thomas Lovejoy sobre o *tipping point* (traduzido como "ponto de virada") da Amazônia, no qual, a partir de certa quantidade de floresta degradada ou destruída, o ecossistema pode entrar em um ciclo de autodestruição, levando a uma mudança irreversível no clima e na paisagem em uma escala global e de longo prazo, como um efeito dominó no planeta.[37]

A vertebração dos vários Brasis

Embora necessária, não é simples a tarefa de construir uma vertebração, isto é, uma conversa que faça parte de uma espinha dorsal unificadora e abrangente, com maior entrelaçamento entre os Brasis urbano e rural, entre o local e o federal. O desafio é intensificado pelo fato de a dinâmica federativa tratar os temas de forma separada, e não sobreposta.[38] Nos debates atuais, não se consegue,

---

[36] Mais adiante neste livro trazemos outras reflexões sobre as contribuições e o contexto dos povos originários.

[37] LOVEJOY, T. E.; NOBRE, C. Amazon tipping point. *Science Advances*, v. 4, n. 2, p. eaat2340, 2018.

[38] Essa dinâmica se reflete nos mapas específicos de logística, transportes, reservas minerais, populações indígenas, áreas protegidas, recursos hídricos, terras

por exemplo, colocar na mesma frase "resíduos sólidos" e "desmatamento na Amazônia", ou "economia circular" e "manejo florestal".

É como se o país estivesse atravessado por diversas cisões, fragmentando seu projeto comum. Mas essas são linhas divisórias mais imaginárias do que reais. Por exemplo, na agricultura, aqueles que estão adotando boas práticas de conformidade ambiental precisam se perceber tanto na agenda do combate ao desmatamento quanto na da economia circular e da redução de emissões de gás carbônico. No fundo, são as mesmas agendas, embora, em sua organização no âmbito das políticas públicas e das dinâmicas socioeconômicas, pareçam estar em disputa por campos opostos.

O esforço de coordenação executiva, a ser desempenhado pelo centro de governo, é vital para que esses assuntos sejam tratados de forma conjunta, e os naturais conflitos de visão sejam processados e superados por práticas permanentes de diálogo. Há ainda que observar a urgência da estruturação de processos e dinâmicas convergentes de tomada de decisão, orientada pela construção de uma relação resiliente e de confiança mútua entre as partes.

A experiência internacional, como a agenda de eficiência energética na Alemanha,[39] revela caminhos vertebrados particularmente guiados pela agenda climática. No Brasil, no entanto, a agenda ambiental é calcada nos recursos naturais, relacionados ao uso da terra, e na vida urbana. A urbana – que dialoga mais facilmente com a agenda europeia – tende a ser tocada por estruturas locais, metropolitanas e estaduais, enquanto a de recursos naturais cai na esfera federal. Ou seja, também no campo da governança, o contexto que prevalece, aqui, é de fragmentação, em vez de coordenação.

A gestão da pandemia de covid-19 no Brasil foi emblemática, ao mostrar a importância de um comando central para controlar crises,

---

públicas, *hotspots* de biodiversidade, territórios quilombolas, concentrações populacionais etc.

[39] SCHRÖDER, M. *et al. The KFW Experience in the Reduction of Energy Use in and CO_2 Emissions from Buildings: Operation, Impacts and Lessons for the UK.* London: UCL Energy Institute; University College London; LSE Housing and Communities; London School of Economics, 2011.

como a emergência sanitária trazida pelo vírus. Na ausência da liderança ministerial, o enfrentamento se deu por meio das instâncias subnacionais e de instituições como a Fundação Oswaldo Cruz (Fiocruz), cuja resiliência foi decisiva para o sucesso da vacinação em escala nacional. O Brasil testemunhou o papel negativo que os líderes nacionais podem desempenhar ao minar as abordagens científicas tanto para a saúde pública quanto para o meio ambiente. Segundo estudo da Fundação Getulio Vargas (FGV), a abordagem negacionista às mudanças do clima abriu caminho para a subsequente negação da gravidade da covid-19.[40]

A necessidade de (re)construir novas institucionalidades

Para responder aos desafios citados até aqui – convergência de atores em torno do desenvolvimento, vertebração da agenda e gestão coordenada –, novas institucionalidades se fazem necessárias, o que demanda a construção ou reconstrução de espaços de governança. Com a governança sendo a palavra-chave dessa conversa, será preciso construir uma combinação de "blocos de construção" (*building blocks*), por uma agenda que seja possibilitadora (*enabling*), capaz de gerar oportunidades.

Um primeiro dado da realidade é que não existe agenda ambiental sem a presença do Estado. Na sua ausência, fica difícil construir institucionalidades. Nesse sentido, há tarefas bem tangíveis e imediatas, como retomar o Sistema Nacional do Meio Ambiente (Sisnama), de modo a dotá-lo de mais robustez institucional, e reconstruir em novas bases o Conama. A estrutura de governança ambiental do Brasil envolve diferentes níveis de poder, conjuntos de políticas, programas, acordos internacionais, instituições e uma relação direta com a sociedade civil e com a mídia. Com deficiências nessas

---

[40] FONSECA, E. M. *et al.* Political Discourse, Denialism and Leadership Failure in Brazil's Response to COVID-19. *Global Public Health*, v. 16, n. 8-9, p. 1251-1266, 2021.

competências, a ação nem sempre é coordenada pelo Estado de forma eficaz (*ver box*).

INEFICIÊNCIAS BUROCRÁTICAS

Segundo o Instituto de Pesquisa Econômica Aplicada (Ipea),[41] ineficiências burocráticas devem ser sanadas, visto que ainda persiste, em muitos órgãos do Sisnama, uma "cultura cartorial", focada em processos (como a emissão de licenças ambientais), e não em resultados relacionados à melhoria da qualidade ambiental. A complexidade inerente às questões ambientais não exige apenas o desenvolvimento das instituições ambientais *stricto sensu*, ou seja, das instituições que compõem o Sisnama.

> É imprescindível uma razoável articulação e comunicação entre as demais instituições cujas políticas afetam o meio ambiente. Não apenas no Brasil, os órgãos responsáveis pelas políticas ambientais (ministérios) frequentemente se tornam ilhas burocráticas, isolados de outros órgãos que afetam o meio ambiente. Desta forma, existe uma tendência de os demais ministérios assumirem que a preocupação com a questão ambiental não é sua tarefa.

O instituto também pontua que

> os órgãos ambientais raramente são suficientemente poderosos para influenciar a maioria das decisões de caráter econômico que gera impactos significativos sobre o meio ambiente. A área ambiental sofre, particularmente, com os conflitos entre interesses públicos e privados. Muitas vezes, a "rivalidade" se dá entre as próprias instituições governamentais, de braços diferentes do governo. Em arenas como o Conama, nas quais participam instituições do governo, do setor produtivo e da sociedade civil, é possível

---

[41] MOURA, A. M. M. (Org.). *Governança ambiental no Brasil: instituições, atores e políticas públicas*. Brasília: Ipea, 2016.

> perceber que os interesses muitas vezes não são apenas
> conflitantes, mas francamente opostos e irreconciliáveis.
>
> As novas institucionalidades demandam dinâmicas buro-
> cráticas contemporâneas, que possibilitam a identificação clara
> e objetiva de interesses compartilhados nas trajetórias à conse-
> cução das ambições de desenvolvimento sustentável do país. ∎

Uma segunda constatação é de que há problemas de maior complexidade que demandam sistemas de governança regionais e descentralizados, cujas soluções requerem, por sua vez, interlocução internacional ou subnacional. Em tais contextos, a promoção de espaços político-institucionais dedicados aos diálogos bilaterais com os múltiplos grupos de interesse (nos setores público, privado e da sociedade civil) exige outras dinâmicas de gestão pública. Por exemplo, a transversalidade necessária para lidar com a Pan-Amazônia, uma região que engloba nove países amazônicos, perpassa as governanças nacionais, regionais e setoriais, necessitando de um entrelaçamento ainda maior das instituições, de seus processos de tomada de decisão e de consolidação, de credibilidade e de confiança junto aos grupos de interesse. Esse mesmo quadro é também expresso nas dinâmicas subnacionais e de fortalecimento do sistema federativo no Brasil. Entre as novas realidades políticas estabelecidas para lidar com esses desafios, estão os consórcios dos governadores da Amazônia Legal e do Nordeste, bem como dos Governadores pelo Clima.

São necessários, portanto, arranjos que se aproximem, em vez de se repelirem; governanças com tração e engajamento, e não burocracias que drenam energia do ralo capital social da região; e governanças com transversalidade entre países, níveis de governo, setores econômicos, áreas da sociedade e campos do conhecimento. O dinamismo desejado vai decorrer da negociação e do processamento de conflitos, que são inevitáveis, dada a disputa crescente por poder e recursos, assim como da reconstrução da confiança mútua entre as partes. Para garantir a estabilidade das novas institucionalidades, é importante que estejam equipadas com mecanismos eficazes para preservar suas competências diante de mudanças políticas, e assim evitar retrocessos.

Muitas das soluções requeridas não se encontram nas prateleiras. Precisam ser percebidas e construídas, a partir de uma perspectiva contemporânea dos instrumentos das políticas ambientais brasileiras e da descentralização da sua gestão pública. Ainda que seja urgente a reabilitação dos órgãos ambientais e da fiscalização após o desmonte sofrido especialmente desde 2019, a agenda ambiental precisa de mais *nudge*, ou seja, de políticas de incentivo e indução, que modifiquem o comportamento das pessoas e das instituições no plano local.

Considerado o maior experimento do REDD+[42] no mundo, o Fundo Amazônia é tido como um exemplo bem-sucedido de como induzir atividades ao mesmo tempo conservacionistas e geradoras de renda. Autores como Jacques Marcovitch[43] argumentam que, para acabar com o desmatamento, o Estado precisa ir além e retomar programas como esse.[44] Ao longo de 10 anos de vigência, o fundo financiou projetos experimentais e inovadores, que visavam à redução do desmatamento, à mitigação das emissões de gases de efeito estufa e ao desenvolvimento da região amazônica. Ajudou, ainda, a aprimorar sistemas de monitoramento dos demais biomas brasileiros e financiou ações de instituições científicas e em diversas prefeituras e secretarias estaduais, além de projetos em comunidades ribeirinhas, indígenas, extrativistas, entre outras.[45]

---

[42] O REDD+ é um incentivo desenvolvido no âmbito da Convenção-Quadro das Nações Unidas sobre Mudança do Clima (UNFCCC) para recompensar financeiramente países em desenvolvimento por seus resultados na redução de emissões de gases de efeito estufa provenientes do desmatamento e da degradação florestal. Tal incentivo considera o papel da conservação de estoques de carbono florestal, o manejo sustentável de florestas e o aumento de estoques de carbono florestal. Ver https://bit.ly/3Ws1Xan.

[43] MARCOVITCH, J.; PINSKY, V. Bioma Amazônia: atos e fatos. *Estudos Avançados*, v. 34, p. 83-106, 2020.

[44] O fundo foi criado em 2008 e suspenso em 2019, ano em que Jair Bolsonaro assumiu a Presidência.

[45] Foram captados cerca de R$ 3,4 bilhões em doações dos governos da Noruega (94%) e da Alemanha (5,7%), além de recursos da Petrobrás (0,05%). Até o fim de 2019,

O emprego maciço de comando e controle oferece um resultado instantâneo e importante de combate ao crime ambiental. O desafio de promover o crescimento econômico e a inclusão social tendo na natureza uma aliada requer ir além da ação exclusiva do Estado. É importante avançar no uso de instrumentos econômicos que possam revelar-se mais eficientes na construção de soluções permanentes de desenvolvimento inclusivo e sustentável.[46] É preciso desenhar formas complementares para conduzir as políticas ambientais com maior eficácia – obviamente, não só no contexto amazônico – e que permitam o compartilhamento de responsabilidades entre os setores público e privado e a sociedade.

Para onde o futuro aponta?

Na tentativa de construir um futuro comum, alguns fatores são determinantes. Um deles é a tecnologia. Quase tudo que vivemos são recorrências – exceto a tecnologia, que tem o condão de promover rupturas em relação ao presente. A tecnologia muda o patamar das coisas, as formas de pensar e de implementar soluções e o funcionamento do cérebro humano.

Para exemplificar, por meio de monitoramento colaborativo e de código aberto, o MapBiomas foi criado em 2015 e elevou o nível de uma série de discussões sobre fiscalização do desmatamento na Amazônia, além de cobrir lacunas de monitoramento das mudanças do uso do solo na Mata Atlântica, no Cerrado, na Caatinga, no Pantanal e no Pampa. A rede inova ao trabalhar com ONGs, setor

---

havia 103 projetos na carteira, dos quais 27 tinham sido concluídos. Apenas R$ 1,86 bilhão do montante teria sido gasto.

[46] Segundo Martorelli, existem quatro grandes grupos de instrumentos econômicos: as taxas (incluem impostos e multas), os subsídios, as licenças negociáveis e os depósitos reembolsáveis. Podem ser aplicados nos mais diversos setores ambientais, como na poluição das águas, na qualidade do ar, no tratamento do lixo, no uso de fertilizantes, carros e baterias, entre outros (MARTORELLI, E. B. *Análise das operações de arrendamento mercantil no Brasil*. 2015. 89 f. Dissertação (Mestrado em Administração de Empresas) – Universidade de Brasília, Brasília, 2015).

público, universidades e empresas privadas organizadas por biomas e temas transversais, como pasto, agricultura e zonas costeiras.

A tecnologia também é capaz de mudar realidades quando se expande para os locais mais isolados do país, tirando-os do apagão digital para incluí-los na vida contemporânea. Uma Amazônia conectada, por exemplo, muda o universo de possibilidades para a região, sob os aspectos social, econômico, cultural e de acesso a direitos civis básicos.[47] A transformação digital é um processo veloz e implacável, que abre uma frente de boas possibilidades, e isso precisa entrar no radar da agenda de desenvolvimento. O século XXI é marcado pela convergência das eras climática e digital-tecnológica.

Outro fator com poder transformador e que traz esperança é a mobilização, vinda de novas gerações, em torno de novos comportamentos e novos estilos de vida – que não aceitam plástico, que têm visões diferenciadas sobre consumo, pautadas pela economia circular e pelo respeito à natureza. As transformações geracionais estão agudizando os conflitos, e essa é uma boa notícia. Essa parcela da juventude tem se posicionado – e agido – de forma incisiva nas questões ambientais, cultivando valores melhores que a geração anterior. Não é para menos: o futuro pertence mais a ela do que às mais velhas gerações.

GERAÇÕES FUTURAS

Liderada pelo Programa da ONU para o Desenvolvimento (PNUD) e pela Universidade de Oxford, a maior pesquisa global já feita sobre meio ambiente ouviu 1,2 milhão de pessoas, incluindo 500 mil jovens abaixo dos 18 anos, em 50 países. Publicado em 2021, o resultado mostrou que, para cerca de 70% dos menores de 18 anos, as mudanças do clima são uma

---

[47] Segundo a Pesquisa Nacional por Amostra de Domicílios (PNAD), enquanto o percentual de domicílios com internet banda larga é de 58,5% na Amazônia, no Brasil como um todo é de 77,9%. O percentual de acesso à internet 3G e 4G em áreas urbanas é de 68,7% (contra 70,7% no país) e, nas áreas rurais, a diferença se aprofunda: 25,1% *versus* 35,5% (SAFATLE, A. Como ampliar a conectividade na Amazônia. *Página 22*, São Paulo, 12 jul. 2022. Disponível em: https://bit.ly/3Wqf380. Acesso em: 12 maio 2023).

emergência global, em comparação com 65% das pessoas de 18 a 35 anos, 66% das de 36 a 59 anos e 58% das com mais de 60 anos.[48]

Como movimento, o Fridays for Future nasceu, em agosto de 2018, inspirado no protesto solitário feito pela jovem sueca Greta Thunberg, então com 15 anos. Com autorização dos pais, Thunberg deu início a um protesto ao longo de três semanas, em frente ao Parlamento, contra a falta de ação para conter as mudanças climáticas – às vésperas das eleições. As postagens que ela fazia em suas redes sociais passaram a mobilizar mais jovens ao redor do globo.

Atualmente, o movimento tem ações em mais de 7.500 cidades em todos os continentes, com eventos como "Greve pelo Clima".

O objetivo é colocar pressão moral sobre os políticos, para que tracem planos concretos contra a crise climática, com base na ciência. "Nós fazemos greve porque nos importamos com o planeta e com cada um. Nós temos esperança de que a humanidade possa mudar, evitar os piores desastres climáticos e construir um futuro melhor", afirma o Fridays for Future, que se diz independente de partidos e interesses comerciais.[49]

No Brasil, o Atlas das Juventudes é a maior plataforma com dados e evidências sobre jovens. Aponta os novos interesses dessas juventudes, cuja parcela mais ativa demanda mecanismos de participação e construção coletiva nas políticas públicas.[50] ■

Outro grande fator da virada ambiental, já mencionado neste capítulo, é o setor financeiro, a partir do impulso de Basileia,[51] onde fica o

---

[48] UNITED NATIONS DEVELOPMENT PROGRAMME (UNDP). *The Peoples' Climate Vote*. UNDP, 2021. Disponível em: https://bit.ly/3IzLTgV. Acesso em: 18 maio 2023.

[49] WHO We Are? *Fridays for Future*. Disponível em: https://bit.ly/45vcLZf. Acesso em: 18 maio 2023.

[50] SOBRE o Atlas. *Atlas das Juventudes*, 2022. Disponível em: https://atlasdasjuventudes. com.br/sobre-o-atlas/. Acesso em: 12 maio 2023.

[51] O Basileia III começou a ser introduzido no Brasil em março de 2013, a partir de resoluções do Conselho Monetário Nacional (CMN) e do Banco Central do Brasil (BCB).

Bank of International Settlements (BIS). A atenção internacional em relação à emergência climática aumentou a disponibilidade de recursos para a agenda verde. As mudanças advindas dos bancos centrais têm tido grande influência no conceito do Cisne Verde,[52] impulsionando toda a agenda ESG a partir do centro nervoso financeiro global. Sem crédito, não há riqueza, e esses segmentos estão começando a pautar a oferta de financiamento para a reestruturação produtiva na direção de uma economia de baixo carbono – até porque muitas empresas também entendem que o custo da inação é maior do que o da ação, inclusive por danos à reputação e pelo risco de isolamento no mercado global.

O mapa da reconfiguração da agenda de desenvolvimento

No Reino Unido, a Strategy Unit foi fundada pelo então primeiro-ministro Tony Blair, em 2006, com a missão de fornecer ao chefe do governo a capacidade de planejar para o longo prazo e trabalhar com políticas estratégicas. A unidade foi criada após uma espécie de auditoria, chamada "Governando para o Futuro" e até 2010 identificou a necessidade de um departamento estratégico que focasse ações coordenadas.[53] No Brasil, o desafio de pensar o futuro sofre forte antagonismo

---

Trata-se de um conjunto de regulamentos financeiros internacionais desenvolvido pelo Banco de Compensações Internacionais (BIS) com o objetivo de aumentar a resiliência e a segurança dos sistemas financeiros mundiais (OLIVEIRA, G. C.; FERREIRA, A. N. Basileia III: concepção e implementação no Brasil. *Revista Tempo do Mundo*, v. 4, n. 1, p. 115-146, 2018).

[52] A figura do Cisne Verde (*Green Swan*) tem sido evocada para representar as incertezas de ordem física, social e econômica associadas às mudanças climáticas que envolvem reações em cadeia, trazendo o inesperado. Trata-se de uma alusão ao cisne negro, representação criada pelo filósofo e escritor Nassim Taleb para um evento raro e surpreendente de grande impacto, negativo ou positivo, na economia nacional ou global (AWAZU, P. B. *et al*. *The Green Swan-Central Banking and Financial Stability in the Age of Climate Change*. Paris: BIS; Banque de France, 2020).

[53] GREAT BRITAIN. Parliament. House of Commons. Committee on Public Administration. *The Ombudsman in the Age of Information: Sixth Report of Session 2001-02*. London: The Stationery Office, 2002; INSTITUTE FOR GOVERNMENT. Strategy Unit: R.I.P. *Institute for Government Blog*, June 23, 2010.

da agenda de curto prazo. Um dos maiores desafios para o país é virar o jogo e propor os seus caminhos de desenvolvimento orientados pela contemporaneidade, e não pelo seu passado e presente.

É preciso recuperar a perspectiva de pensar o futuro, por meio de um *reset* das estruturas do Estado, sempre tendo em vista as oportunidades da tecnologia e o necessário entrelaçamento das governanças. Ao mesmo tempo que se restabelece o olhar de longo prazo, faz-se necessário cuidar das instâncias institucionais que lidam com o presente (como o Sisnama e o Conama); cuidar do desenvolvimento regional (como no caso da Amazônia); e criar arcabouços de governança inovadores e transversais (como é o caso potencial do Conselho da Amazônia).

Já um arcabouço inovador de governança seria uma possível Secretaria Especial para a Emergência Climática. Essa proposição, originada dentro do Programa de Fellows do Arapyaú junto à rede Uma Concertação pela Amazônia, veio se juntar a outras similares, no esteio das proposições para um novo mandato presidencial em 2023.[54] Baseou-se na ideia de que a discussão sobre clima, tema de crescente relevância na arena geopolítica, há muito tempo deixou de ser restrita ao meio ambiente: trata-se sobretudo de uma discussão acerca do desenvolvimento e da reestruturação produtiva, e, por isso, deve perpassar o conjunto do governo (*ver box*).

SOBRE A PROPOSIÇÃO INICIAL DE UMA SECRETARIA ESPECIAL PARA A EMERGÊNCIA CLIMÁTICA

A reestruturação produtiva rumo a uma economia de baixo carbono inclui temas com complexidades e horizontes distintos – tais como transição energética, desenvolvimento regional e projeção internacional. Economia de baixo carbono, economia circular e bioeconomia são as várias expressões em pauta, e todas apontam para um novo modelo de desenvolvimento

---

[54] CHIARETTI, D. Secretaria do Clima ganha força como sugestão para próximo governo. *Valor Econômico*, 20 set. 2022. Disponível em: https://bit.ly/44Farhk. Acesso em: 12 maio 2023.

calcado na maior eficiência de recursos naturais e energéticos, com conservação da natureza e extensão do ciclo de vida dos recursos planetários.

Essa nova governança, portanto, faz-se necessária para promover a concertação dos novos atores dessa agenda no Brasil, tais como as pastas de Economia, Agricultura, Ciência e Tecnologia, Minas e Energia, e Integração Nacional, além da Secretaria de Assuntos Estratégicos, o Banco Nacional de Desenvolvimento Econômico e Social (BNDES), o Congresso Nacional e os governos subnacionais, retomando o Pacto Federativo.

Também cabe a essa secretaria – ou *constituency* de clima – dialogar com o setor privado e o setor financeiro. Não se trata de uma instituição em mera defesa da legislação ambiental, mas sim com capacidade de regular e influenciar nas regulações que a Esplanada gerar sobre o tema climático.

Atualmente, não existe um lócus institucional com essas atribuições. Daí a necessidade de se criar uma secretaria de Estado, que pode ser denominada Secretaria Especial para a Emergência Climática, com a função não apenas de organizar as políticas do governo nesse campo, como também de instrumentalizar o reposicionamento do Brasil na arena climática, permitindo a reinserção do país no contexto internacional e a retomada de seu protagonismo. Além disso, é um instrumento por meio do qual a agenda climática pretende se operacionalizar politicamente no novo governo.

Nos governos anteriores, havia uma comissão da Casa Civil que cuidava do tema, mas ela foi perdendo força. O Brasil precisa desempenhar outro papel na esfera internacional, sem ficar vinculado ao monopólio do Itamaraty, que muitas vezes pratica política internacional pautado por uma visão dos anos 1950-1960 e eventualmente vinculado à dinâmica das carreiras diplomáticas. Adicionalmente, esse é um assunto para ser tratado pelo primeiro escalão do governo.

Diante disso, a proposta é que a secretaria tenha status de ministério, ou seja, acesso direto à presidência, e seja dotada de uma estrutura enxuta, fluida, de estafe pequeno e caráter transitório. O presidente da República pode criá-la.

Do ponto de vista da discussão com setores produtivos, especialistas e formuladores de opinião, assim como parte da sociedade civil, o desafio da governança climática no Brasil vai além da envergadura da governança ambiental. Demanda uma interlocução política inovadora e com poder de convocação e de gestão de interesses junto aos setores econômicos, nacionais e internacionais, além da adoção de soluções que propiciem o enfrentamento às desigualdades sociais e aos desafios regionais de desenvolvimento. A envergadura do debate climático não se circunscreve aos processos de tomada de decisão do Poder Executivo, encerrando também as relações federativas públicas e privadas, bem como os poderes Legislativo e Judiciário. Os desafios que a questão climática impõe ao Brasil transcendem as perspectivas nacionais de desenvolvimento, envolvendo seus interesses e suas responsabilidades de inserção no mundo internacional contemporâneo. ■

Felizmente, foi-se o tempo em que pautar a governança dos grandes temas nacionais dependia exclusivamente da iniciativa ou da anuência do Executivo Federal. A sociedade brasileira busca cada vez mais agir orientada à consecução de políticas públicas voltadas ao desenvolvimento sustentável, à inclusão social e política e ao fortalecimento da sua democracia. Isso requer modelos inovadores de governança pública, além de favorecer uma atuação proativa e articulada da sociedade brasileira na sua interlocução com o setor público. Esse novo contexto político é condição essencial para fazer avançar a implementação de ações nos curto e longo prazos, voltadas para soluções permanentes e sem retrocessos, tendo a natureza como aliada do desenvolvimento.

Um dos maiores desafios do país numa nova relação homem-natureza envolve a agenda de uso da terra. Além da urgente necessidade de deixar o desmatamento para trás, o Brasil contemporâneo demanda inovação e audácia em torno das atividades econômicas associadas à produção de alimentos, ao uso eficiente de recursos naturais, à proteção da sua biodiversidade e à redução das assimetrias sociais e tecnológicas. Por outro lado, é importante observar o comportamento propositivo da sociedade civil brasileira em promover novos caminhos e soluções à sua corresponsabilidade na segurança alimentar e nutricional no Brasil e no mundo.

Desde 2019, iniciativas como a rede Uma Concertação pela Amazônia buscam viabilizar pautas e diálogo político para fazer avançarem caminhos inovadores para o desenvolvimento na Amazônia, conciliando a proteção da natureza e demandas de crescimento econômico e desenvolvimento humano. Não há como avançar nesse imenso desafio de proteção da maior floresta tropical do mundo sem a proposição de novas economias que tenham a natureza como aliada. Por outro lado, faz-se urgente restaurar as funções da natureza nos usos consolidados de territórios ocupados, cujas atividades econômicas orientam-se por outras vocações, como a produção de alimentos e a exploração de minérios e de recursos florestais.

O próximo capítulo debate o papel do Brasil na segurança alimentar e nutricional nacional e global, bem como os desafios na conciliação da produção com a proteção ambiental no contexto da descarbonização da economia brasileira.

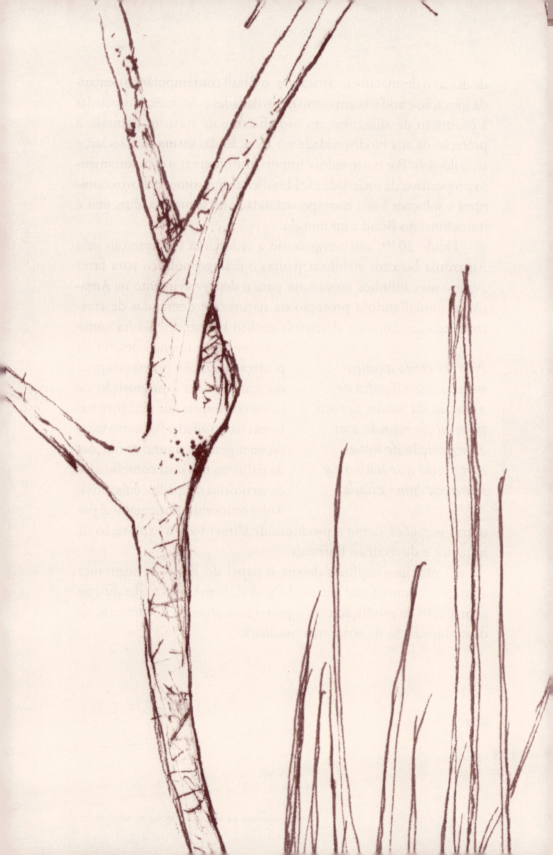

CAPÍTULO 3

Os desafios da produção de alimentos no Brasil na era climática

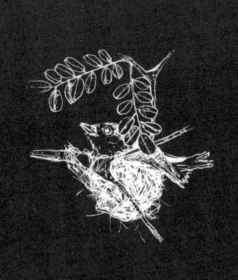

Revelando o setor

Expresso no singular, como se fosse um ente homogêneo, o termo "agronegócio" não traduz a imensa diversidade que o compõe e o desafio de produção de alimentos em grande escala. Por trás da força que move relevante parcela do PIB e protege o Brasil de oscilações e crises econômicas, há uma miríade de atores e atividades inter-relacionados em uma cadeia produtiva complexa (*ver box*). Entender essa heterogeneidade é um primeiro passo para o Brasil desfazer mitos que cercam a relação entre produção agropecuária e sustentabilidade, os quais impedem o país de agir de forma mais estratégica, seja para promover o desenvolvimento em território nacional, seja para exercer um protagonismo maior na arena do comércio internacional.

De início, compreender a variedade de contextos das cadeias de alimentos no país relativiza conceitos preestabelecidos sobre o produtor rural. Primeiramente, o tamanho das propriedades rurais no Brasil varia de uma média de 16 hectares, no Nordeste, para 725, no Centro-Oeste.[55] Ainda, o debate sobre a produção de alimentos deve superar a dicotomia entre grandes produtores de *commodities* e pequenos produtores sem tecnologia. A tecnologia não é exclusiva dos grandes produtores, e muitas vezes os pequenos utilizam até

---

[55] O tamanho médio das propriedades rurais no Brasil por região varia significativamente – Centro-Oeste: 725 hectares; Norte: 531 hectares; Sudeste: 33 hectares; Sul: 26 hectares; Nordeste: 16 hectares (INSTITUTO BRASILEIRO DE GEOGRAFIA E ESTATÍSTICA (IBGE). *Censo Agropecuário 2017: resultados definitivos*. Rio de Janeiro: IBGE, 2019).

mais tecnologia do que os grandes, como nas cadeias de azeite, café e, mais recentemente, cacau.

Outro aspecto que relativiza a segmentação entre pequenos e grandes produtores é a agregação dos pequenos em redes de produção, que podem se tornar grandes e competitivas, como as cooperativas de leite, no Sul, e as de café, no Sudeste. Adicionalmente, a localização geográfica da produção, especialmente em relação às grandes cidades, favorece um maior valor de mercado à produção artesanal e de pequena escala, como a de hortifrúti, no entorno da cidade de São Paulo, a de queijos artesanais, em Minas Gerais, para o mercado da região Sudeste, e a de frutas em regiões próximas a grandes cidades do Nordeste, como Salvador e Recife.

NÚMEROS DA PRODUÇÃO DO AGRONEGÓCIO

A cadeia do agro ocupa 15,1 milhões de pessoas em 5 milhões de estabelecimentos agropecuários – dos quais 77% são voltados à agricultura familiar[56] e respondem por 23% de toda a produção brasileira. Em 2022, o setor agropecuário alcançou participação de 24,8% no PIB brasileiro (sendo 5,8% do PIB gerado diretamente nas atividades realizadas dentro das propriedades rurais).[57, 58]

Em 2022, a balança comercial do agronegócio fechou superavitária em US$ 142 bilhões.[59] Além de apresentar números expressivos na criação de empregos, na produção de alimentos e na geração de renda, o agro brasileiro é pujante no comércio

---

[56] Conceituada segundo o Decreto n.º 9.064, de 31 de maio de 2017.

[57] BRITO, M. Os desafios do agronegócio brasileiro. *In*: BRAGA, C. A. P.; PAIVA, P. T. A. (Org.). *Produtividade e o futuro da economia brasileira*. Belo Horizonte: Fundação Dom Cabral, 2021. p. 95.

[58] CENTRO DE ESTUDOS AVANÇADOS EM ECONOMIA APLICADA (CEPEA-USP). PIB do agronegócio brasileiro. 2023. Disponível em: https://bit.ly/42YjfhA. Acesso em: 26 abr. 2023.

[59] BRASIL. Ministério da Agricultura e Pecuária. Exportações do agronegócio fecham 2022 com US$ 159 bilhões em vendas. *Gov.br*, 17 jan. 2023. Disponível em: https://bit.ly/3BLZr59. Acesso em: 26 abr. 2023.

internacional. Estudo da Empresa Brasileira de Pesquisa Agro-pecuária (Embrapa) calcula que as exportações do setor aumentaram de US$ 20,6 bilhões para US$ 96,9 bilhões entre 2000 e 2019, com destaque para soja, carnes, milho, algodão e produtos florestais.[60] Em 2022, bateu o recorde de exportações, atingindo US$ 159 bilhões.[61] O país é o maior produtor de soja do mundo,[62] item campeão na pauta de exportações brasileiras, e o terceiro maior de carne bovina. Um estudo recente de autores brasileiros[63] apontou que cerca de 12% da soja mundial é plantada no Cerrado brasileiro e que 10% de toda a carne bovina exportada no mundo vem dali. ■

Na agenda internacional de segurança alimentar, o Brasil é um importante ator, graças à sua produção agrícola e às políticas públicas para combater a fome e a desnutrição, mesmo ante retrocessos. Trata-se de uma agenda que envolve diversos fatores, como pobreza, desigualdade, mudanças climáticas, acesso à água e saneamento, práticas agrícolas e aumento de produtividade, desperdício de alimentos, dietas não saudáveis e problemas de infraestrutura e logística.

Para as próximas décadas, a perspectiva sobre o papel do Brasil na agenda internacional de segurança alimentar é incerta. Por um lado, o país tem potencial para aumentar a produção de alimentos e contribuir para a segurança alimentar global, especialmente com a adoção de práticas agrícolas mais sustentáveis e tecnologias inovadoras. Por outro lado, enfrenta todos os desafios mencionados nessa agenda. Adicionalmente, está o impacto direto ou indireto de

---

[60] CONTINI, E.; ARAGÃO, A. O agro brasileiro alimenta 800 milhões de pessoas. *Embrapa*, Brasília, 2021. Disponível em: https://bit.ly/3OgXnt5. Acesso em: 20 abr. 2023.

[61] BRASIL. Ministério da Agricultura e Pecuária. Exportações do agronegócio fecham 2022 com US$ 159 bilhões em vendas.

[62] EMBRAPA. Soja. Dados econômicos. *Embrapa*, Brasília. Disponível em: https://bit.ly/420arXx. Acesso em: 20 abr. 2023.

[63] RODRIGUES, A. A. et al. Cerrado Deforestation Threatens Regional Climate and Water Availability for Agriculture and Ecosystems. *Global Change Biology*, v. 28, n. 22, 2022.

parte de sua produção nos biomas, o que leva o senso comum a enxergar o agronegócio como um vilão ambiental. Dadas as complexidades do setor, a conclusão não pode ser binária.

O inegável descontrole do desmatamento da Amazônia no governo de Jair Bolsonaro acarretou danos à imagem reputacional do Brasil como um todo, com impactos sociais ao longo das mais diversas cadeias produtivas. No entanto, o agronegócio exportador, aparentemente, ainda não registra grandes perdas econômicas em função dessa realidade. Desde a última década, as vendas em volume e renda vêm aumentando, e recordes de produção e exportação são superados sucessivamente.

> *O inegável descontrole do desmatamento da Amazônia no governo de Jair Bolsonaro acarretou danos à imagem reputacional do Brasil como um todo, com impactos sociais ao longo das mais diversas cadeias produtivas.*

Esse quadro não deve persistir por muito tempo, por vários fatores. Primeiramente, a crescente evidência do risco climático como ameaça às perdas econômicas e de produção soma-se às incertezas cada vez mais frequentes nas condições ambientais em todo o planeta. Em segundo lugar, a descarbonização nas cadeias produtivas no mundo afeta diretamente o Brasil na necessidade de agir com prioridade e no curto prazo nas suas cadeias de produção de alimentos. Junto a isso está a demanda por alimentos produzidos de maneira sustentável, com proteção da biodiversidade e segurança hídrica, demanda crescente nos mercados mundiais consumidores de alimentos. Assim, a realidade climática impõe desafios à segurança alimentar e nutricional no Brasil e no mundo.

O futuro da agricultura brasileira e as barreiras a serem superadas

À medida que as mudanças do clima se tornam cada vez mais intensas e a população mundial continua a crescer, é inevitável que a

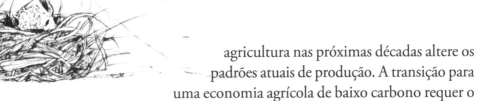

agricultura nas próximas décadas altere os padrões atuais de produção. A transição para uma economia agrícola de baixo carbono requer o uso eficiente de recursos naturais, a melhoria da qualidade do solo e a redução das emissões, voltando-se à adoção de novas práticas e tecnologias agrícolas que assegurem a conciliação da agricultura com a regeneração e a conservação da natureza. Ao considerarmos esse conjunto de perspectivas, quais barreiras precisam ser superadas pelo país no presente?

A agropecuária exerce pressão sobre o meio ambiente. Segundo o MapBiomas,[64] em 2021, 66% do país era coberto com vegetação nativa.[65] Nesse mesmo ano, a agricultura ocupava 62 milhões de hectares – três vezes mais que em 1985. E a silvicultura passou de 1,5 milhão de hectares para quase 9 milhões de hectares mapeados em 2021 – uma expansão de 598% ao longo deste período.[66] Ao mesmo tempo, a capacidade de produzir mais alimentos com menos insumos (medida pelo produto total dos fatores da agropecuária) também quintuplicou entre 1975 e 2020.[67]

No entanto, enquanto a maior parte da produção agrícola do Brasil é livre de desmatamento, uma porção atua como as "maçãs podres do agronegócio",[68] conforme aponta publicação na revista *Science*, em 2020, com ampla repercussão internacional. O estudo revelou que apenas 2% das propriedades rurais na Amazônia e no Cerrado são responsáveis por 62% de todo o desmatamento potencialmente ilegal. Essa pequena, mas muito destrutiva, porção do setor

---

[64] O MapBiomas é uma iniciativa do Sistema de Estimativas de Emissões e Remoções de Gases de Efeito Estufa do Observatório do Clima (SEEG/OC) e é produzido por uma rede colaborativa de cocriadores formada por ONGs, universidades e empresas de tecnologia, organizadas por biomas e temas transversais.

[65] MAPBIOMAS. Pastagem: ocupação e uso da terra – Coleção 6. Fact sheet, out. 2021.

[66] MAPBIOMAS. Mapeamento anual de cobertura e uso da terra – Coleção 7. Fact sheet, out. 2022. Disponível em: https://bit.ly/3IzTzzI. Acesso em: 20 abr. 2023.

[67] BRITO. Os desafios do agronegócio brasileiro, p. 95.

[68] RAJÃO, R. *et al*. Maçãs podres do agronegócio brasileiro. *Science*, v. 369, n. 6501, p. 246-248, 2020.

"contamina" cerca de 20% das exportações de soja e pelo menos 17% das exportações de carne de ambos os biomas para a União Europeia.

Adicionalmente, nem sempre o desmatamento se vincula de imediato à produção agropecuária. No bioma amazônico, cerca de 55 milhões de hectares viraram pastagem. Desse total, 19 milhões sofrem com degradação intermediária, e 4,6 milhões apresentam degradação severa.[69] Ou seja, a busca por ocupação de terras, muitas vezes por meio da grilagem, é um motor importante do desmatamento (*ver box*).

GRILAGEM, VIOLÊNCIA E VULNERABILIDADE SOCIAL

Para a grilagem "marcar território", derruba-se a floresta, vende-se a madeira mais preciosa, queima-se o restante e forma-se o pasto. A atividade agropecuária pode vir ou não a se aproveitar dessas áreas depois que a ocupação foi feita. Diante da falta de força fiscalizadora do Estado e enquanto aguardam o dia em que a posse da terra será eventualmente legalizada, os desmatadores e grileiros lucram com a valorização das terras e a especulação imobiliária.

Além dos movimentos de grilagem, parte do desmatamento na Amazônia ainda pode ser atribuída à ação de madeireiros e ao garimpo ilegal, em meio a um agravamento do que veio a se chamar de crime ambiental organizado, envolvendo uma rede de atividades ilegais, incluindo tráfico de drogas, armas e animais. A partir de 2005, o índice de violência na região ultrapassou a média nacional, e hoje a taxa de homicídio é 70% superior à brasileira. Essa situação também deteriora o ambiente de investimentos na economia da floresta.[70]

Outro fator que traz complexidade ao quadro é o desmatamento que ocorre dentro das franjas desassistidas da sociedade, como aquele que se dá em assentamentos rurais e nas terras

---

[69] MAPBIOMAS. Pastagem: ocupação e uso da terra.

[70] SERRAO, E. Um plano de desenvolvimento para as diversas Amazônias. *Página22*, 30 ago. 2022. Disponível em: https://bit.ly/3BSHQsc. Acesso em: 20 abr. 2023.

de pequenos produtores e ribeirinhos, expondo o desafio da desigualdade social no Brasil. Como criminalizar quem corta as árvores para fazer um roçado e sobreviver? Diante de zonas cinzentas, como traçar a linha divisória entre o grileiro que desmata de forma criminosa e quem desmata porque precisa, dada a falta de assistência por parte do Estado? Soma-se a esse cenário o mau uso da situação de vulnerabilidade social para justificar situações como anistias de multas e regularizações fundiárias. ▪

Outro desafio do agronegócio mundial está em aumentar a produtividade para atender a crescente demanda por alimentos sem impor pressões sobre os sistemas naturais, como as vegetações nativas, promover ganhos econômicos com inclusão social e ainda lidar com os efeitos da crise climática. A Organização das Nações Unidas para Agricultura e Alimentação (FAO, na sigla em inglês) estima que a mudança do clima e os eventos extremos sejam as ameaças principais à segurança alimentar em todo o mundo. De 2020 para 2023, o número de pessoas em situação de insegurança alimentar mais do que dobrou. Atualmente, mais de 900 milhões de pessoas no mundo estão em condição semelhante à da fome.[71]

O debate sobre o agronegócio brasileiro configura, dessa forma, uma discussão sobre desenvolvimento. Mas, para encontrar convergências e avançar, é preciso, antes, identificar os gargalos e impasses que ainda dividem a sociedade brasileira, como se produção e conservação fossem inconciliáveis e como se a proteção do meio ambiente, por sua vez, impedisse os avanços sociais, mas é justamente o contrário.

É o desmatamento que vem acompanhado de pobreza e baixo progresso social. As cidades amazônicas onde o desmatamento mais avançou nos últimos anos têm as piores colocações no Índice de Progresso Social na Amazônia (IPS), baseado em metodologia internacional e realizado no país pelo Instituto do Homem e Meio Ambiente da

---

[71] WORLD FOOD PROGRAMME. A Global Hunger Crisis. Disponível em: https://www.wfp.org/global-hunger-crisis. Acesso em: 18 maio 2023.

Amazônia (Imazon). Os resultados do IPS de 2021 também mostraram que as condições da Amazônia Legal estão se deteriorando.[72] A ferramenta foi desenvolvida por pesquisadores da organização Social Progress Imperative, sediada em Washington, nos Estados Unidos, e analisa apenas indicadores sociais e ambientais. No que se refere a indicadores econômicos e ambientais, isto é, a relação entre produção e conservação, cabe analisar o que vem ocorrendo no Cerrado (*ver box*).

ALERTA DO CERRADO, NOSSO GRANDE CELEIRO

Fronteira agrícola da maior relevância, além de biodiverso e berço das águas, o Cerrado é responsável pela produção de 12% da soja mundial e 10% de toda a carne bovina exportada no mundo. Ao mesmo tempo, abriga mais de 12 mil espécies de plantas e mais de mil espécies de vertebrados – muitos dos quais só são encontrados na região. Também é berço de importantes bacias hidrográficas, como a do São Francisco, do Tocantins-Araguaia e do Paraná.

O bioma sofreu nos últimos 15 anos uma alta de temperatura média sem precedentes, por conta do desmatamento, marcando alta de até 3,5 °C em porções do bioma.[73] Além de mais quente, a região, que abrange nove estados brasileiros e o Distrito Federal, ficou mais seca. A combinação desses efeitos tem um resultado fatal para a própria produção agropecuária: a redução das chuvas.[74]

A análise, publicada por Ariane Rodrigues junto a outros autores no *Global Change Biology*, indicou que as regiões no Cerrado antes florestadas e que deram lugar a plantações e pastos sofreram os danos mais críticos. Em cidades do Oeste baiano e do Norte de Minas Gerais, onde a temperatura já é alta, a média

---

[72] Por exemplo, no *ranking* dos 772 municípios listados, Altamira e São Félix do Xingu, campeões em destruição florestal, aparecem nas colocações 509 e 513

[73] RODRIGUES. Cerrado Deforestation Threatens Regional Climate and Water Availability for Agriculture and Ecosystems.

[74] RODRIGUES. Cerrado Deforestation Threatens Regional Climate and Water Availability for Agriculture and Ecosystems.

saltou de 31,8 °C para 33,9 °C no período avaliado. Ao mesmo tempo, a queda da média anual do volume de água bombeada para a atmosfera foi de até 44%. ∎

Estados que concentram a nova fronteira agrícola do Brasil, o chamado MATOPIBA, que engloba Maranhão, Tocantins, Piauí e Bahia, vêm experimentando perdas crescentes e incrementais da sua cobertura vegetal e exposição a dias mais quentes e secos. Tido como potencial território de expansão para culturas como a da soja, o MATOPIBA também contém a maior área remanescente de Cerrado. Mesmo já sentidos os efeitos da mudança do clima na região, gerando incertezas sobre o regime regional de chuvas, até 2019, cerca de 916 mil km² em vegetação nativa foram desmatados para dar lugar a pastos (31%), soja (9%), cana-de-açúcar (2%) e outros cultivos.[75]

Impasses como esses se repetem nos demais biomas brasileiros, ainda que o país tenha debatido longamente e aprovado leis e planos voltados à proteção da natureza e à produção sustentável de alimentos. Um dos caminhos já existentes é o Plano de Agricultura de Baixo Carbono (Plano ABC). Política pública instituída em 2010, objetiva promover a redução das emissões na agricultura, aumentando a eficiência do uso de recursos naturais e a resiliência de sistemas produtivos e de comunidades rurais.[76,77] O plano prevê

---

[75] RODRIGUES. Cerrado Deforestation Threatens Regional Climate and Water Availability for Agriculture and Ecosystems.

[76] O Plano ABC é composto por sete programas: Recuperação de Pastagens Degradadas; Integração Lavoura-Pecuária-Floresta (ILPF) e Sistemas Agroflorestais (SAFs); Sistema Plantio Direto (SPD); Fixação Biológica de Nitrogênio (FBN); Florestas Plantadas; Tratamento de Dejetos Animais; e Adaptação às Mudanças Climáticas (BRASIL. Ministério da Agricultura, Pecuária e Abastecimento. *Plano Setorial de Mitigação e de Adaptação às Mudanças Climáticas para a Consolidação de uma Economia de Baixa Emissão de Carbono na Agricultura: Plano ABC*. Brasília: Ministério da Agricultura, Pecuária e Abastecimento, 2012).

[77] WANDER, A. E.; TOMAZ, G. A.; PINTO, H. E. Uma avaliação formativa do Plano ABC. *Revista de Política Agrícola*, v. 25, n. 3, p. 62-72, 2016.

incorporar tecnologias sustentáveis ao processo produtivo a fim de trazer mais eficiência à produção, diminuir as agressões ao meio ambiente e reduzir a emissão de gases de efeito estufa. A constatação é de tímido avanço na sua implementação.[78]

Exemplos como o Código Florestal (*ver box*) e o Plano ABC deveriam ser praticados como instrumentos estratégicos à consecução de objetivos de segurança alimentar e nutricional no Brasil. Infelizmente, o que se observa é a postergação da sua implementação e do compromisso efetivo da agricultura brasileira em produzir alimentos alinhada às soluções da crise climática. Os lentos avanços nesses dois casos prejudicam a ação estratégica do Brasil no cenário global de segurança alimentar e do combate à fome.

CÓDIGO FLORESTAL

Aprovado há mais de 10 anos no Congresso Nacional, após longo debate, o Código Florestal (Lei Federal n.º 12.651/2012) ainda gera disputas entre produtores, comunidade científica e ambientalistas, e enfrenta dificuldades de implementação.

O livro *Código florestal e compensação de reserva legal: ambiente político e política ambiental*[79] analisou os processos políticos e legislativos que substituíram o antigo Código Florestal (Lei Federal n.º 4.771/1965) pelo novo, em 2012, e mostra que interesses privados acabaram promovendo a redução da área de compensação e estabelecendo que 50% das espécies utilizadas nesses espaços de compensação fossem exóticas (e não nativas). O estudo mostra, ainda, que outros fatores foram importantes nesse contexto, como a posição do governo e a formação das coalizões partidárias, especialmente no Congresso Nacional.

---

[78] BANCO NACIONAL DE DESENVOLVIMENTO. Crédito Rural: desempenho operacional. *BNDES*. Disponível em: https://bit.ly/3OwWH36. Acesso em: 26 abr. 2023.

[79] CUNHA, P. R. *Código florestal e compensação de reserva legal: ambiente político e política ambiental*. São Paulo. Annablume. 2017.

Na Universidade de São Paulo (USP), entre os resultados da tese de doutorado de Isabela Kojin Peres, está que, embora a questão ambiental tenha se popularizado, ganhando espaço nas agendas governamentais, há prevalência de um discurso em que o meio ambiente parece ser uma externalidade e até mesmo um empecilho para o desenvolvimento econômico do país.[80] ■

Para o Brasil não ficar alijado dos novos contextos políticos, econômicos e comerciais emergentes internacionalmente, faz-se imperioso controlar e acabar com o desmatamento, além de entrar em conformidade com os regulamentos legais e as políticas ambientais e agrícolas nacionais. O desafio vai além da vontade política de atores interessados ou envolvidos.

A realidade que se impõe é por demonstração de *compliance* e transparência, exigindo das governanças pública e privada avanços eficientes e robustos em torno de soluções permanentes. A conciliação de interesses comuns, soluções de mercado, benefícios sociais e corresponsabilidades define o escopo da transição da agricultura no enfrentamento à crise climática.

Sem a devida pressão por parte dos proprietários rurais, soluções experimentadas em vários países, como mercados de carbono ou pagamentos por serviços ambientais, não ganharão expressão econômica e escala para serem apropriadas por parte da agricultura brasileira.

A competitividade e a produtividade da produção de alimentos no Brasil são impactadas por desafios de diversas naturezas, como a infraestrutura precária, a falta de inovação tecnológica, o impacto da informalidade no emprego e na renda, o trabalho análogo à escravidão e as diferenças regionais em relação à educação e à renda para o agricultor rural. No entanto, a agricultura brasileira é detentora de singularidades e de soluções para avançar no contexto das eras

---

[80] PERES, I. K. *Conflitos nas políticas ambientais: uma análise do processo de alteração do Código Florestal Brasileiro.* 2016. 195 f. Dissertação (Mestrado em Ecologia Aplicada) – Escola Superior de Agricultura "Luiz de Queiroz", Universidade de São Paulo, Piracicaba, 2016.

climática e digital-tecnológica. Será preciso trabalhar simultaneamente nas diferentes partes dessa equação.

Na perspectiva internacional:
a necessidade de uma revolução evolutiva

A produção de alimentos e a proteção da natureza ocupam papel central na agenda de cooperação internacional e têm o Brasil como ator-chave na consecução dos objetivos de segurança alimentar e nutricional no mundo. Nesse contexto, organismos internacionais têm ampliado os interesses de cooperação no Brasil, com vistas à promoção de práticas agrícolas sustentáveis, à proteção da biodiversidade e à segurança climática.

Por outro lado, é crescente a pressão da comunidade internacional e do mercado global por sistemas de produção de alimentos que sejam livres de desmatamento, mais saudáveis e que utilizem os recursos naturais de maneira eficiente. Acordos multilaterais ambientais e comerciais determinam outras dinâmicas de cooperação entre países e recepcionam novos comportamentos de mercados consumidores (*ver box*). A perspectiva estratégica é de buscar conciliar o enfrentamento à tripla crise planetária e à construção de novos estilos de vida associados ao bem-estar e a sociedades menos vulneráveis ao risco climático. O desafio é produzir alimentos tendo a natureza como aliada.

MUDANÇAS DO CLIMA E ACORDOS COMERCIAIS

Pode-se dizer que a visão europeia que orienta as políticas comerciais é de cunho essencialmente ambiental e climática, como mostrou a carta enviada, em setembro de 2020, ao governo brasileiro pela Parceria das Declarações de Amsterdã, grupo formado por Alemanha, Dinamarca, França, Itália, Holanda, Noruega e Reino Unido.[81] No documento, também subscrito pela

---

[81] SILVA, D. Em carta a Mourão, países europeus dizem que desmatamento dificulta negócios com o Brasil. *G1*, 16 set. 2020.

Bélgica, os países dispuseram-se a limitar o desmatamento das cadeias de produtos agrícolas vendidos para a Europa. Embora defendam o conceito de justiça climática,[82] passam à margem dos efeitos socioeconômicos desses boicotes sobre as populações fragilizadas de um país em desenvolvimento.

Dois anos depois, em setembro de 2022, o Parlamento Europeu aprovou uma proposta de lei[83] que veta a comercialização de produtos oriundos de áreas desmatadas em qualquer parte do mundo, o que poderá atingir em cheio o país, pois inclui várias *commodities* brasileiras, como soja, milho, café, carnes bovina e suína, frango e ovinos, madeira, cacau, borracha e papel. O parecer do Parlamento exige das empresas que colocam produtos no mercado da União Europeia que efetuem a devida diligência (*due diligence*) para avaliar os riscos na sua cadeia de abastecimento também em relação aos direitos humanos e aos direitos específicos dos povos indígenas. A versão final da lei foi aprovada pelo Parlamento, mas ainda precisa ser ratificada pelos países-membros do bloco.

Iniciativa semelhante tomaram os Estados Unidos em outubro de 2022. Diversos órgãos governamentais abriram consultas públicas para definir restrições comerciais a *commodities* oriundas de áreas desmatadas desde 2020, o que pode afetar 10% das exportações brasileiras para o mercado norte-americano.[84]

Em paralelo, o processo para ratificar o acordo Mercosul-União Europeia segue paralisado. Foram quase 20 anos de

---

[82] "Aqueles que, historicamente, se beneficiaram e se desenvolveram com as emissões de gases de efeito estufa acumulados até hoje na atmosfera não podem compartilhar com os demais a responsabilidade pelos prejuízos e impactos das mudanças climáticas" (LOUBACK, A. C. (coord.). *Quem precisa de justiça climática no Brasil?* Brasília: Gênero e Clima; Observatório do Clima, 2022. p. 32. Disponível em: https://bit.ly/3q6JXWM. Acesso em: 18 maio 2023).

[83] EUROPEAN PARLIAMENT. Climate Change: New Rules for Companies to Help Limit Global Deforestation. Sept. 13, 2022. Disponível em: https://bit.ly/43ajnKO. Acesso em: 18 maio 2023.

[84] MOREIRA, A. EUA dão passo para barrar produtos de desmatamento. *Valor Econômico*, 21 out. 2022. Disponível em: https://bit.ly/3IBDrhd. Acesso em: 26 abr. 2023.

> negociações, até que, em junho de 2019, o acordo comercial foi assinado, mas o processo de ratificação é complexo.[85] A União Europeia discutia internamente como adicionar propostas que considerassem demandas na área ambiental, principalmente com a disparada do desmatamento na Amazônia no governo de Jair Bolsonaro,[86] mas não houve avanços concretos. ■

Assim, a perspectiva internacional que emerge é de tratar a crise ambiental e climática nos contextos econômico, social e tecnológico, conectando agendas que até então eram conduzidas em contextos próprios e únicos. Uma das situações mais ilustrativas dessa mudança de comportamento político e econômico envolve as relações e os interesses que determinam as dinâmicas de comércio internacional. Esse tema é de especial interesse para o Brasil, não somente pela sua capacidade de país produtor-exportador de alimentos, mas também por ser um detentor estratégico de biodiversidade e de recursos naturais.

Os desafios que se impõem à trajetória brasileira não se circunscrevem à produção de alimentos sem desmatamento e com o uso de tecnologias ambientalmente sustentáveis. O país precisa avançar nas novas dinâmicas e espaços de cooperação em torno do comércio internacional. Para isso, é preciso superar o seu isolamento atual em relação às principais tratativas de comércio internacional, como a Parceria Econômica Abrangente Regional (RCEP, na sigla em inglês), considerada o maior pacto comercial do mundo.[87] Historicamente (e equivocadamente), o país usa a via negociada, bilateral e

---

[85] BALTENSPERGER, M. *et al*. The European Union-Mercosur Free Trade Agreement: Prospects and Risks. *Bruegel*, 2019.

[86] INSTITUTO NACIONAL DE PESQUISAS ESPACIAIS (INPE). Taxas anuais de desmatamento na Amazônia Legal (1988-2021). *TerraBrasilis*, 2021. Disponível em: https://bit.ly/3IxYKQF. Acesso em: 20 abr. 2023.

[87] O acordo contempla 15 países: aqueles que fazem parte da Associação das Nações do Sudeste Asiático (Association of Southeast Asian Nations – ASEAN), além de China, Japão, Austrália, Coreia do Sul e Nova Zelândia.

burocrática,[88] ante tratados mais abrangentes, de integração comercial com países desenvolvidos em mercados relevantes.[89]

Cabe, no entanto, observar que o Brasil é um dos principais exportadores de alimentos no mundo. A China, a Europa e os Estados Unidos são seus principais mercados internacionais, muitas vezes interessados em partes distintas da mesma produção, como no caso da carne.

A demanda global por alimentos é crescente, e a agricultura tropical brasileira tem papel e lugar estratégicos para atender esse desafio. As empresas exportadoras atuantes no Brasil têm sido cada vez mais demandadas a atender as exigências de mercados internacionais por alimentos não associados à destruição da natureza. Isso as tem motivado a se equipar para fazer uma transição para uma economia de baixo carbono. Ao mesmo tempo, a transição requer mudanças progressivas na regulação e nos modelos de negócios, no uso de tecnologias de rastreabilidade em toda a produção de alimentos e no acesso transparente à informação, associado à cadeia produtiva. Por outro lado, exige novos arranjos legais regulatórios que permitam a segurança jurídica para investidores e compradores e a competitividade da agricultura brasileira.

No contexto do comércio internacional, a defesa dos interesses nacionais faz uso estratégico dos acordos de cooperação bilateral e regional. Isso tem sido um dos pilares da busca do país por conciliar o equilíbrio dos seus interesses econômicos com independência política e uma visão consolidada da política externa brasileira. No entanto, as mudanças do mundo, a crise com a natureza e a era digital tecnológica impõem novas dinâmicas para a convergência de interesses e a necessidade de maior integração e de cooperação.

---

[88] WORLD BANK GROUP. *Doing Business in Brazil.* WBG, 2020. Disponível em: https://bit.ly/42Z5P4W. Acesso em: 20 abr. 2023.

[89] RIOS, S. P.; VEIGA, P. M. *Abertura comercial: a reforma necessária (mas não suficiente) para a retomada do crescimento econômico.* Centro de Estudos de Integração e Desenvolvimento, 2021. Disponível em: https://bit.ly/3pSCiMc. Acesso em: 20 abr. 2023.

Esse contexto pode favorecer uma maior aproximação entre países em desenvolvimento e economias emergentes, possibilitando o combate à pobreza, a redução das desigualdades e a adoção de termos comerciais mais justos internacionalmente.[90] Para isso, faz-se necessário ampliar as perspectivas de cooperação orientadas por novas visões e tecnologias de produção de alimentos, assim como uma dedicação estratégica às novas economias verdes.

Há imensas oportunidades a aproveitar no campo da biodiversidade tropical. Produtos compatíveis com a floresta, como cacau, pimenta-do-reino, dendê, manga e abacaxi, poderiam movimentar significativamente a pauta de exportação de alimentos do Brasil, enquanto conservam a Amazônia e promovem a inclusão social. Mas, quando se olha para uma lista de 60 produtos amazônicos com esses atributos, vê-se que representam ínfimo 0,18% do mercado global de produtos florestais, que movimentam US$ 159 bilhões ao ano, segundo levantamento de Salo Coslovsky, professor associado da New York University.[91] O Brasil perde de países como Guiana, Bolívia, Equador, Costa do Marfim, Costa Rica, Uganda e Vietnã, que têm condições socioeconômicas mais desafiadoras.

Paralelamente ao crescimento das exportações agropecuárias, merece atenção o fato de a imagem *"Made in Brazil"* vir sendo prejudicada. A despeito do quadro de complexidades internas do agronegócio e das ações para atender critérios de sustentabilidade, tomadas especialmente pelos exportadores, no fim das contas os alarmantes índices de desmatamento são o que se vê do exterior.

Embora o Brasil tenha desenvolvido uma legislação sólida sobre informações ambientais, gestão de água e resíduos e biodiversidade, são necessários mais esforços para traduzir as disposições legais em práticas eficazes de promoção da sustentabilidade, avalia a Organização

---

[90] ABDENUR, A.; TEIXEIRA, I.; WAGNER, J.; ABRAMOVAY, P. *Clima e estratégia internacional: novos rumos para o Brasil*, p. 82.

[91] AMAZÔNIA 2030. *Oportunidades para exportação de produtos compatíveis com a floresta na Amazônia brasileira*. Belém: Amazônia 2030, 2021. 104 p. Disponível em: https://bit.ly/42ZTBt7. Acesso em: 26 abr. 2023.

para a Cooperação e Desenvolvimento Econômico (OCDE).[92] Segundo relatório da organização, o país possui um arcabouço legislativo abrangente e consistente para a conservação e o uso sustentável da biodiversidade.

No entanto, a alta do desmatamento e outras fortes pressões sobre a riqueza natural do Brasil exigem mais esforços em todos os níveis de governo para implementar esses requisitos. Instrumentos econômicos para proteção da biodiversidade, como Pagamentos por Serviços Ambientais e compensações de biodiversidade, são utilizados, mas nem sempre de forma eficaz.

É hora de o Brasil superar o seu passado para poder olhar para o seu futuro.

É hora de o Brasil superar o seu passado para poder olhar para o seu futuro. As leis ambientais devem funcionar na prática, como um sistema regulatório crível e íntegro, um aliado das práticas sustentáveis de alimentos. O caso Indonésia ilustra um potencial desdobramento comercial ante o desmatamento desenfreado (*ver box*).

CASO INDONÉSIA: CONSEQUÊNCIAS DO DESMATAMENTO DESCONTROLADO

País em desenvolvimento com florestas tropicais e fornecedor de *commodities* como celulose e óleo de palma, vivenciou situação parecida com a que o Brasil já enfrenta e pode vir a enfrentar. Quando o governo indonésio afrouxou o comando e o controle e atacou o trabalho de organizações ambientais, o desmatamento e as queimadas deram saltos. A reação internacional foi banir os produtos *Made in Indonesia*, associando o país como um todo a uma imagem negativa. A exportação de celulose, por exemplo, foi suspensa pela Europa e pelos Estados Unidos.

---

[92] ORGANIZATION FOR ECONOMIC COOPERATION AND DEVELOPMENT (OECD). *Evaluating Brazil's Progress in Implementing Environmental Performance Review Recommendations and Alignment with OECD Environment Acquis.* Paris: OECD, 2021. Disponível em: https://bit.ly/3OyT0Kg. Acesso em: 27 abr. 2023.

Diante da pressão internacional, houve uma correção de rota. O desmatamento para o cultivo de óleo de palma na Indonésia, na Malásia e na Papua Nova Guiné caiu em 2021 e atingiu o nível mais baixo desde 2017, de acordo com uma análise da Chain Reaction Research (CRR).[93] Pesquisadores atribuem o declínio do desmatamento especialmente a um número crescente de empresas que adotaram políticas de não desmatamento, segundo levantamento. Mas também houve mudanças nas políticas públicas, como a moratória das licenças de concessão de plantações em áreas de floresta primária.[94]

Atualmente, o desmatamento na Indonésia representa 10% da taxa brasileira, o que muda o foco de "vilão ambiental" para cá. Como explicar internacionalmente que o desmatamento na Amazônia volta a disparar porque a lei ambiental brasileira não é cumprida e o Estado brasileiro não faz valer seus mecanismos de comando e controle? ■

A nossa autoimagem de "berço esplêndido" é ilusória. Como já mencionado, além das tensões nos mercados internacionais, o Brasil também está exposto às intempéries climáticas, que já afetam as produções, reduzindo o crescimento das safras.[95] O desmatamento da Amazônia reduz o fluxo dos chamados rios voadores, gerados com a evapotranspiração da floresta e que chegam à porção Centro-Sul do país em forma de chuvas, irrigando as lavouras.[96] Além disso,

[93] CISNEROS, E.; KIS-KATOS, K.; NURYARTONO, N. Palm Oil and the Politics of Deforestation in INDONESIA. *Journal of Environmental Economics and Management*, v. 108, p. 102453, 2021.

[94] JONG, H. N. Deforestation for Palm Oil Falls in Southeast Asia, but Is It a Trend or a Blip?. *Mongabay*, Mar. 23, 2022. Disponível em: https://bit.ly/3OxJDKR. Acesso em: 20 abr. 2023.

[95] PONTES, N. Geada e mudanças climáticas ameaçam café brasileiro. *DW*, 17 ago. 2021. Disponível em: https://bit.ly/421mi7F. Acesso em: 20 abr. 2023.

[96] NOBRE, A. D. *O futuro climático da Amazônia: relatório de avaliação científica.* São José dos Campos: INPA, 2014.

essa condição impõe ao produtor brasileiro riscos ambientais que acentuam a vulnerabilidade de produção de alimentos, somando-se a uma já crítica realidade de ausência de seguro agrícola. Tal quadro está na contramão de outros países produtores de alimentos que adotam mecanismos securitários e grandes subsídios para a proteção do produtor rural.[97]

Uma vez que o Brasil é um expressivo detentor de riquezas naturais e biodiversidade e um grande produtor de alimentos, parece evidente que um caminho mais inteligente para o país seja se consolidar globalmente como um protagonista agroambiental. Essa perspectiva estratégica permite que a produção de alimentos no Brasil tenha a natureza como aliada e reduza a sua vulnerabilidade a um risco climático, além de promover práticas resilientes às incertezas associadas à crise com a natureza. Tal redirecionamento deve permitir atender às demandas emergentes dos mais diversos mercados internacionais, além de proteger a agricultura tropical brasileira das oscilações de caráter geopolítico que impactam o mercado internacional.

Há uma abertura por parte da sociedade brasileira para esse movimento. As novas gerações, 100% digitais, estão mais bem informadas que as anteriores e são mais atentas a produtos advindos de sistemas que preveem maior equilíbrio entre produção e conservação, e com critérios sociais. Entre os exemplos aplicados no Brasil da agricultura regenerativa estão a Integração Lavoura-Pecuária-Floresta (ILPF) e as agroflorestas. Entre 2005 e 2021, a área total de ILPF no Brasil aumentou significativamente, passando de 2 milhões de hectares para 17,4 milhões de hectares.[98]

Nesse sentido, as políticas privadas de rastreabilidade e de enfrentamento ao desmatamento somam-se aos esforços para a transição a uma economia descarbonizada e socialmente justa. Tais políticas são

---

[97] BUAINAIN, A. M.; VIEIRA, P. A. Seguro Agrícola no Brasil: desafios e potencialidades. *Revista Brasileira Risco e Seguro*, v. 7, p. 39-68, 2011.

[98] EMBRAPA. Rede projeta 3,5 milhões de hectares com sistemas de ILPF até 2030. *Embrapa*, 2021. Disponível em: https://bit.ly/43DKG0r. Acesso em: 20 abr. 2023.

assumidas internamente pelas grandes empresas produtoras, assim como pelos maiores frigoríficos, com tecnologias como monitoramento geoespacial, *blockchain* e *big data*, além de políticas de inclusão de pequenos produtores mediante adesão aos critérios de sustentabilidade, como ocorre no caso da Marfrig[99] e da JBS.[100] No entanto, os avanços no setor da pecuária brasileira poderiam ser maiores se as regras de rastreabilidade do gado, no que se refere aos aspectos sanitários, abrangessem também os aspectos ambientais (*ver box*).

POLÍTICAS PÚBLICAS PARA A RASTREABILIDADE NA PECUÁRIA

O Sistema Brasileiro de Rastreabilidade da Cadeia Produtiva de Bovinos e Bubalinos (Sisbov), criado para atender às demandas sanitárias do mercado europeu, prevê rastreabilidade individual dos animais com implementação facultativa, o que retira parte da eficácia da medida. Muitos animais entram no sistema apenas 90 dias antes do abate/embarque, o que não assegura a rastreabilidade do animal desde o nascimento, impedindo identificar os animais criados em áreas recém-desmatadas.

A Guia de Trânsito Animal (GTA), documento oficial exigido para transporte animal no Brasil, com informações essenciais sobre rastreabilidade, tais como origem e destino,[101] é autodeclaratória e pode não conter todas as informações. Além disso, o governo não libera a GTA para fazer monitoramento ambiental, pois isso abriria dados sobre os produtores e suas propriedades para órgãos como Receitas Federal e Estadual e Ministério Público.

---

[99] A Marfrig, empresa brasileira líder global em produção de hambúrgueres e uma das maiores empresas de carne bovina do mundo, inclusive integra a carteira do Índice de Sustentabilidade Empresarial (ISE) da bolsa de valores brasileira (B3) (MARFRIG. Marfrig Verde +. Disponível em: https://bit.ly/3BQR3S8. Acesso em: 20 abr. 2023).

[100] JBS 360. Escritórios verdes. Disponível em: https://jbs360.com.br/escritorios-verdes/. Acesso em: 27 abr. 2023.

[101] BRASIL. Habilitar-se para emissão da Guia de Trânsito Animal (GTA). Disponível em: https://bit.ly/3MvJo0d. Acesso em: 20 abr. 2023.

A entrada em vigor da Lei Geral de Proteção de Dados Pessoais trouxe um elemento dificultador, pois impede o acesso às informações. Segundo representantes da Transparência Internacional Brasil e da Trase, iniciativa de transparência que utiliza dados sobre sustentabilidade no mercado global, o Sistema de Gestão Fundiária do Instituto Nacional de Colonização e Reforma Agrária (Incra) restringiu, em 2022, a identificação de proprietários de terra, valendo-se de uma interpretação equivocada da LGPD.[102] ∎

Caminhos para a convergência

Como o Brasil poderá lidar com as pressões internacionais, atender a uma demanda crescente por alimentos em função do crescimento populacional e se sintonizar com as tendências globais, como a de transição para proteínas de base celular ou de base vegetal (*plant-based*)?[103,104] Os desafios globais de aumento de produtividade implicam aumentar a oferta e a procura por alimentos de baixo carbono, ao mesmo tempo que se reduz o desperdício – hoje se perde um terço do que é produzido. Para isso, são necessárias inovações (bio)tecnológicas, sistemas avançados de gestão, capacidade de adaptação à mudança do clima, educação do consumidor e, como pano de fundo, saber trabalhar com as divergências.

Em um mundo tão heterogêneo como o da produção de alimentos, não há como esperar consenso. Os múltiplos interesses e visões de mundo impedem um alinhamento único. Por outro lado,

---

[102] MORGADO, R.; REIS, T. Restrição no acesso a dados prejudica imagem do Brasil. *Valor Econômico*, São Paulo, 24 out. 2022. Disponível em: https://bit.ly/3JYURoP. Acesso em: 27 abr. 2023.

[103] Segundo a FAIRR Initiative, que reúne investidores globais com US$ 68 trilhões em ativos, as vendas de carnes vegetais em 2021 passaram de US$ 5 bilhões e as de leites com base vegetal atingiram quase US$ 18 bilhões. Esse *hub* prevê que o mercado de alternativas à carne represente entre 10% e 45% do total até 2035.

[104] TZIVA, M. *et al*. Understanding the Protein Transition: The Rise of Plant-based Meat Substitutes. *Environmental Innovation and Societal Transitions*, v. 35, p. 217-231, 2020.

as mudanças observadas por parte dos consumidores já são uma realidade ditando acesso a mercados e descem, em cascata, por toda a cadeia de produção. Mudanças estruturais são necessárias em todos os setores, assim como na produção de alimentos no campo.[105]

Esse contexto soma-se à adesão do mundo financeiro, que vem progressivamente adotando critérios ambientais, sociais e de governança (ESG, na sigla em inglês) em cessão de crédito e decisões de investimento.[106] A diretriz é reduzir a exposição a riscos e aproveitar as oportunidades que surgem das atividades carbono-eficientes, ou seja, que produzem mais com menos emissões de carbono. Esse movimento *topdown* (que vem de cima para baixo) exige transformações no processo produtivo, com aplicação maciça de ciência e tecnologia, fundamentais para a descarbonização, a adaptação climática e o aumento da produtividade (evitando avanço na fronteira agrícola).

Também são múltiplas as possibilidades de ganho de lado a lado, seja em movimentos na direção de uma agricultura regenerativa, que gera créditos de carbono, seja em apoio a projetos de proteção da biodiversidade.[107] Empresas do setor podem comprar créditos de biodiversidade para demonstrar seu compromisso com a mitigação de riscos relacionados com a natureza, enquanto o empreendedorismo inovador é capaz de fornecer soluções tecnológicas para superar obstáculos à expansão do mercado, como mostra *paper* do Fórum Econômico Mundial.[108]

A biotecnologia é invariavelmente apontada como um caminho rumo à agricultura sustentável e também associada ao uso industrial, que inclui a produção de enzimas, biocombustíveis, materiais

---

[105] BRITO, M. O agro e a revolução evolutiva. *AGFeed*, 1º maio 2023. Disponível em: https://bit.ly/45s2X2u. Acesso em: 12 maio 2023.

[106] KPMG. *The Impact of ESG Disclosure*. Sept. 2019. Disponível em: https://bit.ly/427iqlj. Acesso em: 18 maio 2023.

[107] WORLD ECONOMIC FORUM (WEF). *Biodiversity Credit Market: Securing a Sustainable Future for Business and Nature*. 2022.

[108] WORLD ECONOMIC FORUM (WEF). *Biodiversity Credits: Unlocking Financial Markets for Nature-Positive Outcomes*. 2022. Disponível em: https://bit.ly/3MSBq2X. Acesso em: 20 abr. 2023.

biodegradáveis e produtos químicos renováveis. Existem importantes frentes de pesquisa, como a utilização de biofungicidas no controle biológico de pragas e doenças; o uso de bactérias fixadoras de nitrogênio e fungos micorrízicos para a melhoria de produtividade das plantas; o desenvolvimento de plantas e animais melhorados com técnicas convencionais de melhoramento genético; e também a transformação genética[109] (*ver box*).

BIOTECNOLOGIA BRASILEIRA

Considera-se que a biotecnologia agrícola brasileira tenha tido grandes avanços nas últimas décadas, especialmente no desenvolvimento de culturas geneticamente modificadas, incluindo soja, algodão e milho, o que colocou o Brasil em segundo lugar, desde 2013, no *ranking* dos países com maior área cultivada do tipo, segundo aponta um estudo.[110] A biotecnologia pode ajudar no aumento da produção agrícola pela aplicação do conhecimento molecular da função dos genes e das funções regulatórias envolvidas na tolerância a estresse, desenvolvimento e crescimento, "desenhando" novas plantas.

Embora a biotecnologia agrícola seja apontada como um caminho promissor para enfrentar os desafios, as preocupações éticas e socioculturais devem também ser abordadas para garantir ampla confiança e aceitação do público. Autores[111] sugerem o desenvolvimento de soluções ética e socialmente responsivas, relevantes para pessoas de diferentes origens culturais e sociais, e transmitidas ao público de maneira convincente e direta. Também é de grande estima a evolução na cadeia de valor desses

---

[109] FALEIRO, F. G.; ANDRADE, S. R. M.; REIS JUNIOR, F. B. (Eds.). *Biotecnologia: estado da arte e aplicações na agropecuária*. Planaltina, DF: Embrapa Cerrados, 2011.

[110] FIGUEIREDO, L. H. M. *et al.* An Overview of Intellectual Property within Agricultural. *Biotechnology in Brazil. Biotechnology Research and Innovation*, v. 3, n. 1, p. 69-79, 2019.

[111] HARFOUCHE, A. L. *et al.* Promoting Ethically Responsible Use of Agricultural Biotechnology. *Trends in Plant Science*, v. 26, n. 6, p. 546-559, 2021.

produtos, com inúmeras oportunidades a serem desenvolvidas pela agroindústria.

Há também uma fronteira de conhecimento tecnológico a explorar na produção de bioenergia no Brasil. É o que faz, por exemplo, o Programa FAPESP de Pesquisa em Bioenergia (BIOEN),[112] ao apoiar projetos como análise funcional de genes envolvidos na fotossíntese da cana-de-açúcar, aumento do teor de sacarose, análise da biossíntese da parede celular e obtenção de plantas que apresentem tolerância à seca, entre outros. ■

Nesse sentido, vem ganhando força o conceito da agricultura que se alinha com os princípios das novas economias verdes, que buscam aliar o desenvolvimento econômico à preservação ambiental e à justiça social. A adoção de práticas agroflorestais, por exemplo, pode gerar renda adicional para os produtores, por meio da venda de créditos de carbono, enquanto a produção de alimentos orgânicos e sustentáveis pode conquistar consumidores cada vez mais conscientes e dispostos a pagar mais por alimentos de qualidade e produzidos sem desmatar nem violar direitos humanos.

Segundo o Ministério da Agricultura, Pecuária e Abastecimento do Brasil, a área destinada à produção orgânica no país cresceu 20% entre 2018 e 2019, e a venda de alimentos orgânicos movimentou cerca de R$ 4 bilhões em 2020. O movimento dos alimentos locais, conhecido como "*farm-to-table*", também vem ganhando força em diversos países, como uma forma de promover a produção local e reduzir a pegada de carbono dos alimentos.

O governo também pode desempenhar um papel importante na indução da agricultura regenerativa como comprador, incentivando os produtores a adotarem práticas mais sustentáveis e promovendo a oferta de alimentos mais saudáveis e ecologicamente responsáveis.

---

[112] FAPESP. FAPESP Bioenergy Research Program. Disponível em: https://fapesp.br/en/bioen. Acesso em: 27 abr. 2023.

Já existem no Brasil exemplos de cidades com critérios de compra que priorizam produtos orgânicos e agroecológicos de produtores locais em seus cardápios da merenda das escolas públicas, como São Paulo.[113]

Um conceito ainda incipiente, mas que ganhou destaque ante as fragilidades das cadeias alimentares durante a pandemia de covid-19, é a agricultura urbana. Engloba a prática de atividades relacionadas ao cultivo de plantas e animais em ambientes urbanos, incluindo hortas comunitárias, jardins escolares, quintais produtivos, fazendas e sistemas de aquaponia e hidroponia em áreas urbanas. Embora possa vir a ter um papel importante, ainda há falta de compreensão sobre sua eficácia, políticas necessárias para aproveitar seu potencial e soluções para superar diversos dos seus desafios.[114]

O Brasil não só possui todos os atributos naturais que lhe permitem aproveitar as oportunidades desses mercados, como também apresenta imensas vantagens em relação a outros países. Isso porque ainda mantém porções significativas de vegetações nativas e uma imensidão de áreas onde é possível promover restauração florestal, o que pode gerar créditos com base no desmatamento e na degradação evitados e na captura de carbono. Essas áreas naturais ainda servem como bombas de água, protegem o solo, promovem a polinização e mantêm a biodiversidade. Se mantidas vivas, geram benefícios não só ao país, como também ao mundo, por meio de serviços ambientais que poderiam ser capitalizados.

Mas, para isso, o país precisará enfrentar o desafio de construção institucional, modernização e transparência de órgãos de governo, tais como Serviço Florestal, Instituto Brasileiro do Meio Ambiente e dos Recursos Naturais Renováveis (Ibama), Fundação Nacional dos Povos Indígenas (Funai) e Incra – como apontado no capítulo 2 deste livro. O Brasil precisa identificar onde estão os gargalos efetivos em

---

[113] A Lei n.º 16.140/2015 estabelece a obrigatoriedade de 30% dos recursos da merenda escolar serem destinados à compra de alimentos da agricultura familiar e/ou de empreendedores familiares rurais, priorizando-se a produção local e sustentável.

[114] UNITED NATIONS ENVIRONMENT PROGRAMME (UNEP). *Urban Agriculture's Potential to Advance Multiple Sustainability Goals*. Nairobi: UNEP, 2016. Disponível em: https://bit.ly/423k9sb. Acesso em: 20 abr. 2023.

processos de regularização de terras. Mais que isso, o Brasil precisa se reconciliar com a identidade dupla que está em sua gênese: um país ao mesmo tempo florestal e agrícola. Aí, sim, o chamado *Made in Brazil* passará a ser um trunfo.

Esse debate sobre as mudanças no uso da terra é de extrema importância estratégica para a busca por caminhos para um desenvolvimento sem recorrer ao desmatamento, mas sim com a natureza como aliada. Nesse sentido, a relação entre biodiversidade e segurança alimentar e nutricional é crucial para o país.

CAPÍTULO 4

Soluções baseadas na Natureza (SbN)

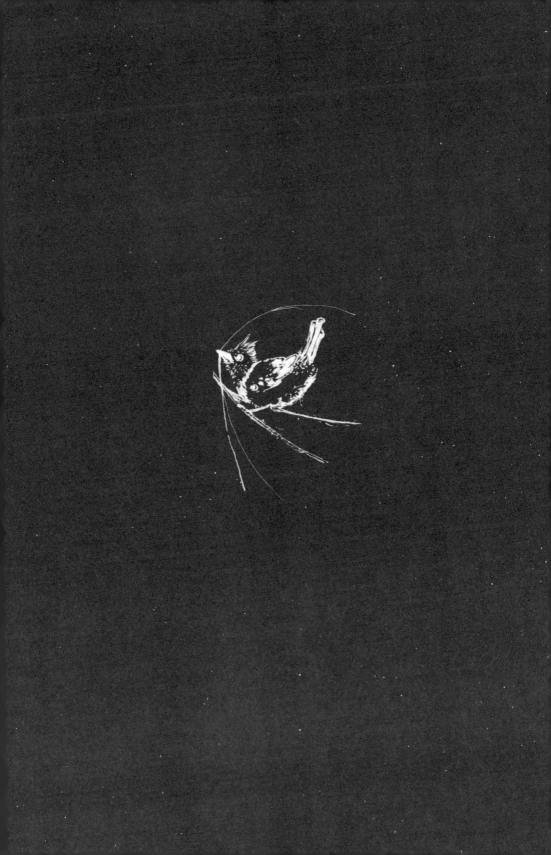

Uma oportunidade estratégica

Quem mais, se não uma inteligência desenvolvida durante bilhões de anos, teria as respostas para os problemas ambientais causados pelo ser humano? Nesse fabuloso espaço de tempo, a natureza encontrou caminhos evolutivos por meio de um complexo processo de tentativas, erros, acertos e adaptações, acumulando um saber incomensurável. É dessa fonte de conhecimento que as sociedades contemporâneas devem beber para resolver as questões que põem em risco a própria sobrevivência humana e a vida na Terra. São elas: a mudança climática, a extinção em massa de espécies, a exploração insustentável dos recursos naturais, a desertificação e o aumento acelerado de resíduos e poluentes, entre tantos problemas gerados na breve história da humanidade – em especial desde a Revolução Industrial.

As presentes crises ambientais denunciam que a humanidade demanda uma transição de seus modelos econômicos e de sua relação com os limites ambientais do planeta. Nesse contexto, países ricos em biodiversidade e em recursos naturais, como o Brasil, são desafiados a exercer um papel mais audacioso nas suas trajetórias de desenvolvimento. O estímulo determinante é crescer economicamente com inclusão política e social, tendo a natureza como aliada estratégica. Pensar em novos caminhos para um desenvolvimento socialmente inclusivo dependerá cada vez mais da biodiversidade e dos serviços ambientais.

Ao contrário de uma visão instrumentalista que o uso da palavra "soluções" possa sugerir – de usar a natureza como ferramenta –, a abordagem das Soluções baseadas na Natureza (SbN) propõe uma profunda repactuação entre o homem e o ambiente, alterando sua forma de relacionamento. Essa mudança pressupõe uma revisão de valores e um novo arcabouço ético em que a mera exploração da natureza torna-se inaceitável. Embora traga, sim, desejáveis soluções pragmáticas, a abordagem das SbN vai além, ao criar oportunidades de alçar a humanidade a um novo patamar civilizatório.

O salto para esse novo patamar consiste na passagem da atual civilização industrial, calcada na transformação linear dos recursos naturais em produtos e rejeitos, para uma civilização centrada na reconexão com a natureza e em processos circulares de produção e consumo. Em vez de fonte de recursos econômicos domesticáveis, a natureza volta a ser uma parceira do ser humano. A mudança pode descortinar outro paradigma de desenvolvimento, com capacidade de transformação em todas as camadas da sociedade e ampla repercussão na geopolítica.

Países pródigos em meio ambiente, como o megabiodiverso Brasil, têm o potencial de apresentar caminhos de desenvolvimento para o mundo, tendo a natureza como sua principal aliada. Transpor o conceito das Soluções baseadas na Natureza (*ver box*) para a prática de um novo modelo socioeconômico, com redução das desigualdades, pode fazer o Brasil dar o salto há muito tempo esperado na direção do tão falado "país do futuro".

Se o cenário que se inaugura de agora em diante for de fato o da bioeconomia, crescem enormemente as chances de o Brasil assumir uma posição de destaque diante do resto do mundo. Isso exigirá debates sobre a constituição de um modelo econômico em novas bases, com o aperfeiçoamento ou a criação de indicadores capazes de incorporar o valor da natureza nas métricas.

A mudança de compreensão sobre a natureza, de um recurso disponível e inesgotável para um elemento de relação da humanidade, deve balizar o conhecimento das novas gerações e prepará-las para pôr em prática uma nova ordem mundial, ao mesmo tempo que elas aproveitam as oportunidades de emprego e renda criadas por essa nova economia.[115]

---

[115] Atualmente, quase 75 milhões de pessoas já trabalham com Soluções baseadas na Natureza, mas novos 20 milhões de postos podem ser criados para enfrentar desafios como mudança climática, risco de desastres e insegurança alimentar e hídrica.

DEFINIÇÕES DE SbN

Embora não seja novo, o termo *Nature-based Solutions* (NbS), ou Soluções baseadas na Natureza (SbN), ainda está em processo de definição. Segundo a International Union for Conservation of Nature (IUCN), SbN são ações para proteger, gerenciar de forma sustentável e restaurar ecossistemas naturais ou modificados, que abordam desafios sociais como mudança climática, segurança alimentar e hídrica ou desastres naturais. Essas ações, no entanto, precisam ser abordadas de forma eficaz e adaptativa, além de fornecer bem-estar à humanidade e proteção da biodiversidade.

As SbN podem ser agrupadas em três tipos principais. No primeiro, são consideradas soluções que causam pouca ou nenhuma modificação nos ecossistemas existentes, resultando na preservação ou no incremento de serviços ambientais em áreas protegidas, como Unidades de Conservação, parques nacionais e manguezais em áreas costeiras. No segundo, estão as que intensificam as funções, a diversidade genética, a resiliência e os serviços prestados pelos ecossistemas ou paisagens, como a restauração ecológica em áreas de mananciais e o uso de técnicas como as agroflorestas. Já o terceiro corresponde à criação de novos ecossistemas onde a natureza não está mais presente, sendo muitas vezes associados às infraestruturas verdes e azuis, como jardins e corpos d'água, que podem, por exemplo, se utilizar de vegetação para absorver a água da chuva, reduzir o calor urbano e promover a biodiversidade. No contexto sul-americano, os dois primeiros tipos de SbN têm uma

---

Investir em políticas que apoiem as SbN geraria oportunidades de emprego significativas particularmente nas áreas rurais, segundo o relatório *Decent Work in Nature-based Solutions*, lançado na 15ª Conferência de Biodiversidade da ONU (COP15) pela Organização Internacional do Trabalho (OIT), pelo Programa das Nações Unidas para o Meio Ambiente (Pnuma) e pela União Internacional para a Conservação da Natureza (IUCN) (INTERNATIONAL LABOUR ORGANIZATION; THE UNITED NATIONS ENVIRONMENT PROGRAMME. *Decent Work in Nature-based Solutions*. ILO; UNEP; IUCN, 2022. Disponível em: https://bit.ly/3MQRNNa. Acesso em: 18 maio 2023).

importância elevada e ainda representam um grande potencial para serem implementados como políticas públicas.[116]

Espera-se que as SbN integrem estratégias que considerem as mudanças climáticas e a perda de biodiversidade e, ao mesmo tempo, apoiem o desenvolvimento sustentável. É preciso ainda considerar as comunidades locais e seus desejos na implementação de projetos, especialmente em regiões onde os direitos em relação à posse da terra são mais fracos. Violações de direitos podem impedir o sucesso e a sustentabilidade das intervenções.

As SbN podem reduzir a vulnerabilidade social de pelo menos três maneiras: menor exposição a riscos climáticos; redução da sensibilidade a impactos adversos; e construção de capacidade adaptativa. Restaurar e proteger os ecossistemas costeiros, por exemplo, podem proteger comunidades contra enchentes e tempestades; a restauração e a proteção de florestas podem melhorar a segurança hídrica e reduzir o risco de inundações, erosão do solo e deslizamentos de terra; a agricultura baseada na natureza, como a agrossilvicultura, pode aumentar a resiliência dos suprimentos de alimentos a pragas, doenças e extremos climáticos; nas cidades, as SbN podem contribuir para a mitigação de inundações e conforto térmico.

Em contraste com muitas soluções de engenharia, elas têm o potencial de enfrentar os desafios de mitigação e adaptação climática a um custo relativamente baixo, ao mesmo tempo que oferecem vários benefícios adicionais para as pessoas e a natureza. Plantar árvores e aumentar o espaço verde nas cidades podem ajudar no resfriamento urbano e na redução de inundações, ao mesmo tempo que armazenam carbono, mitigam a poluição do ar e proporcionam recreação e benefícios para a saúde. ■

---

[116] MARQUES, T. H. N.; RIZZI, D.; FERRAZ, V.; HERZOG, C. P. Soluções baseadas na Natureza: conceituação, aplicabilidade e complexidade no contexto latino-americano, casos do Brasil e Peru.

No contexto internacional, as mudanças do clima ocupam o maior espaço de atenção e investimentos. Embora a agenda energética paute o tema com mais força que a proteção de ecossistemas, a conservação das florestas e dos oceanos passou a ser tida como fundamental para o equilíbrio climático global. O entendimento sobre possíveis combinações de compromissos ambientais para além da economia de baixo carbono, como a proteção da biodiversidade, vem se consolidando nos mais diversos fóruns em todo o planeta, integrando esse debate aos da segurança alimentar, da transição energética e da justiça social.

Tal perspectiva mostra o papel das SbN como um conector de pontos e agendas, em especial, a necessidade de compartilhar inovações e tecnologias. O relatório publicado pela Conferência das Nações Unidas sobre Comércio e Desenvolvimento (Unctad)[117] em 2020 mostra como o compartilhamento de inovação e tecnologia desde a Revolução Industrial gerou, na verdade, um incremento da desigualdade social, enquanto as fronteiras ambientais foram ultrapassadas.[118] As novas soluções, portanto, devem ser pensadas de forma a garantir inclusão e maior equidade, notadamente incorporando o conhecimento ancestral ao saber científico.

As novas soluções, portanto, devem ser pensadas de forma a garantir inclusão e maior equidade, notadamente incorporando o conhecimento ancestral ao saber científico.

O Brasil, como poucos países no mundo, é capaz de trazer para a mesa os três elementos que devem compor as SbN: o clima, a biodiversidade e o aspecto social, considerando a riqueza sociocultural dos povos que vivem nas florestas e as defendem (*ver capítulo 5*). Para isso, precisa protagonizar os debates sobre a sociobiodiversidade, que o Hemisfério Norte ainda não explorou, pois o termo SbN foi cunhado em

---

[117] UNCTAD. *Technology and Innovation Report 2021*. Geneva: United Nations, 2021.

[118] PERSON, L. *et al*. Outside the Safe Operating Space of the Planetary Boundary for Novel Entities. *Environmental Science & Technology*, v. 56, n. 3, p. 1510-1521, 2022. DOI: 10.1021/acs.est.1c04158.

países com climas e realidades socioeconômicas, ambientais e políticas bastante diferentes daquelas encontradas no Sul Global, como a América Latina.[119]

Oportunidades e desafios das SbN na economia florestal

O exemplo do cacau no Sul da Bahia (*ver box*) serve para ilustrar as muitas SbN possíveis no Brasil. Embora toda SbN possa estar sob o guarda-chuva da bioeconomia, nem toda atividade da bioeconomia pode ser considerada uma SbN, que se diferencia por necessariamente apresentar um modelo de conservação aliado do desenvolvimento social.

O CASO DO CACAU NO SUL DA BAHIA[120]

No início dos anos 1950, o cacau era o terceiro produto mais exportado do Brasil e o primeiro da Bahia. Ao longo das décadas seguintes, porém, a produção foi atingida por uma série de crises, dentre elas a da praga chamada "vassoura-de-bruxa" (*Moniliophthora perniciosa*), com impactos socioeconômicos negativos profundos na região. O Brasil desceu ao sexto lugar no *ranking* dos produtores mundiais, com 5% de participação, e até hoje não atingiu o mesmo volume de produção dos tempos passados.[121]

---

[119] MARQUES, T. H. N.; RIZZI, D.; FERRAZ, V.; HERZOG, C. P. Soluções baseadas na natureza: conceituação, aplicabilidade e complexidade no contexto latino-americano, casos do Brasil e Peru. *Revista LABVERDE*, v. 11, n. 1, 2021.

[120] WAACK, R. S.; VILARES, P.; FERRAZ, T.; GOMES, R.; WEISS, R. L.; AHMAR, V. *Estudo de caso sobre produção sustentável no Sul da Bahia-Brasil*. São Paulo: Instituto Arapyaú, 2022. Apresentado na Conferência das Partes sobre Biodiversidade (COP15) em dezembro de 2022.

[121] CHIAPETTI, J. *O uso corporativo do território brasileiro e o processo de formação de um espaço derivado: transformações e permanências na Região Cacaueira da Bahia*. 2009. 205 f. Tese (Doutorado em Geografia) – Universidade Estadual Paulista Júlio de Mesquita Filho, Rio Claro, 2009. p. 190. Disponível em: Disponível em: http://hdl.handle.net/11449/104368. Acesso em: 24 abr. 2023.

Atualmente, cerca de 80% dos produtores do Sul da Bahia são de pequeno porte ou de agricultura familiar,[122] muitos beneficiários da reforma agrária, com uma renda média mensal da propriedade extremamente baixa.[123] Estima-se que 78% dos estabelecimentos produtores de cacau na região sejam cabruca, na qual os cacaueiros crescem à sombra de espécies nativas da Mata Atlântica, beneficiando os serviços ecossistêmicos ambientais. O método também permite a combinação com a produção de outras variedades, contribuindo para a própria subsistência dos produtores, além ser um grande responsável pela manutenção do bioma.

Entre as estratégias que vêm sendo desenvolvidas na região está a de agregar valor à produção em um mercado até então comoditizado. Uma das principais iniciativas nesse sentido foi a criação do Centro de Inovação do Cacau (CIC). Entre os grandes méritos do CIC está o desenvolvimento de critérios, métodos e tecnologias para a aferição da qualidade das amêndoas de cacau. Como consequência, surgiu o segmento de chocolates que usam amêndoas de maior qualidade e que oferecem um preço *premium* por essa matéria-prima – até o dobro do valor pela produção. E desde 2019 o Brasil voltou para a lista de países produtores de cacau de alta qualidade da Organização Internacional do Cacau (ICCO).

De maneira complementar, foi identificada a dificuldade de acesso a crédito e assistência técnica. Um projeto-piloto na região lançou o primeiro Certificado de Recebíveis do Agronegócio (CRA) sustentável para cacau do Brasil, estruturado em modelo *blended finance*, que mescla recursos de investidores do mercado com o de organizações filantrópicas. O crédito é vinculado à assistência técnica e chegou a produtores que, em média, melhoraram em

---

[122] Em média, são plantados 11 hectares de cacau por estabelecimento (CHIAPETTI, J.; ROCHA, R. B.; CONCEIÇÃO, A. S.; BAIARDI, A.; SZERMAN, D.; VANWEY, L. *Panorama da cacauicultura no território litoral sul da Bahia: 2015-2019*. Ilhéus: Instituto Floresta Viva, 2020).

[123] REIS, S. T.; SOARES, N. S.; REGO, L. J. S. Conformação da produção de cacau no Sul da Bahia com a legislação florestal brasileira. *Gaia Scientia*, [S.l.], v. 14, n. 4, 2020. DOI: 10.22478/ufpb.1981-1268.2020v14n4.52812. Disponível em: https://bit.ly/3oplQlP. Acesso em: 24 abr. 2023.

39% a sua renda bruta já no primeiro ano do programa, principalmente pelo aumento da produtividade. Para os que produziram cacau de qualidade, o aumento médio de renda foi de 59%. Com o sucesso obtido, foi desenvolvida uma segunda rodada do CRA, mais ambiciosa, aprovada em primeiro lugar no edital de *blended finance* do Banco Nacional de Desenvolvimento Econômico e Social (BNDES), em bioeconomia florestal.[124]

Com avanços para a cadeia e para os produtores, o ecossistema local vem ampliando o seu olhar para formas de mensurar e valorar os benefícios ecossistêmicos. Em conexão com a agenda internacional, investigam-se as possibilidades de Pagamento por Serviços Ecossistêmicos relacionados a carbono, água e biodiversidade. ■

Para ser considerada uma SbN, não basta evitar a geração de externalidades negativas, como preconiza a bioeconomia; é preciso também apresentar externalidades positivas. Externalidades são efeitos indiretos decorrentes dos processos produtivos, financeiros e mercadológicos de bens e serviços, sentidos pela sociedade e por indivíduos não diretamente envolvidos.[125] Por definição, a SbN deve ser *nature positive*, ou seja, acrescentar valor ao componente natural.

Já a bioeconomia engloba toda a cadeia de valor orientada pelo conhecimento científico avançado e pela busca de inovações tecnológicas na aplicação de recursos biológicos e renováveis em processos industriais, a fim de gerar atividade econômica circular e benefício social e ambiental coletivo.[126] Mas essa é apenas uma definição possível (*ver box*).

---

[124] CHIAPETTI, J.; ROCHA, R. B.; CONCEIÇÃO, A. S.; BAIARDI, A.; SZERMAN, D.; VANWEY, L. *Panorama da cacauicultura no território litoral sul da Bahia: 2015-2019*, p. 63.

[125] KENTON, W. Externality: What It Means in Economics, With Positive and Negative Examples. *Investopedia*, Dec. 31, 2022. Disponível em: https://bit.ly/3opk3gH. Acesso em: 18 maio 2023.

[126] SCHOR, Tatiana *et al*. [Correspondência]. Destinatário: Hamilton Mourão. São Paulo, 15 maio 2020. Disponível em: https://bit.ly/3K3fLmH. Acesso em: 18 jul. 2023.

AS MUITAS DEFINIÇÕES DE BIOECONOMIA

Essa expressão começou a ser usada no fim dos anos de 1960 para designar uma ordem econômica que reconhece as bases biológicas de quase todas as atividades econômicas. Nicholas Georgescu-Roegen, matemático e economista romeno que propôs uma teoria destinada a criar uma economia ecológica e socialmente sustentável, gostou do termo e o integrou aos seus estudos a partir de 1970. Um elemento essencial no uso do termo "bioeconomia" por Georgescu-Roegen foi sua preocupação de que o crescimento ilimitado não seria compatível com as leis básicas da natureza.[127]

A Comissão Europeia entende bioeconomia como

> a produção a partir de recursos biológicos renováveis da terra, água e mar, assim como dos resíduos de processos produtivos de transformação e sua conversão em alimentos, rações, produtos de base biológica e bioenergia, incluindo a agricultura, produção florestal, pesqueira, alimentar e de celulose, assim como segmentos das indústrias químicas, biotecnológicas e de energia.[128]

No Brasil, a Confederação Nacional da Indústria (CNI) definiu, em 2013, o termo como resultado de uma revolução de inovações na área das ciências biológicas.

> Está relacionada à invenção, ao desenvolvimento e ao uso de produtos e processos biológicos nas áreas da biotecnologia industrial, da saúde humana e da produtividade agrícola e pecuária.[129]

---

[127] BIRNER, R. Bioeconomy Concepts. *In*: LEWANDOWSKI, I. (Ed.). *Bioeconomy*. Cham: Springer, 2018. p. 17-38.

[128] SILVA, M. F. O.; PEREIRA, F. S.; MARTINS, J. V. B. A bioeconomia brasileira em números. *BNDES Setorial*, n. 47, p. 277-332, mar. 2018. p. 285. Disponível em: https://bit.ly/3q6qJRk. Acesso em: 18 maio 2023.

[129] SILVA, M. F. O.; PEREIRA, F. S.; MARTINS, J. V. B. A bioeconomia brasileira em números.

A iniciativa Uma Concertação pela Amazônia, ao apresentar caminhos para o desenvolvimento sustentável na região, também faz a sua tradução da bioeconomia a partir da realidade local (ver a seguir o quadro-resumo). ■

Conceito da bioeconomia na Amazônia[130]

	Sociobioeconomia	Bioeconomia de base florestal	Agrobioeconomia
Baseada em/na	Sociobiodiversidade	Manejo florestal	Produção de *commodities*
Atividades atualmente predominantes	Extrativismo, neoextrativismo, agricultura de auto-consumo e pesca	Silvicultura de florestas nativas	Florestas plantadas e agricultura comercial
Nível de intervenção humana e volume produzido	Baixo	Médio	Alto
Relação com a biodiversidade	Alta dependência e alta contribuição para sua manutenção	Média dependência	Baixa dependência da biodiversidade. Plantações baseadas em monocultura contribuindo pouco, quando não ameaçando a biodiversidade
Relação com a mudança do clima	Compatível com a manutenção de estoque de CO_2 Alta resiliência a efeitos da mudança do clima	Compatível com a manutenção de estoque de CO_2	Baixa resiliência a efeitos da mudança do clima A substituição de combustíveis e materiais de base fóssil pode reduzir emissões, porém aumentar a pressão ambiental

---

[130] Adaptado de: UMA CONCERTAÇÃO PELA AMAZÔNIA (Org.). *Uma agenda pelo desenvolvimento da Amazônia.* São Paulo: Instituto Arapyaú, 2022. 99 p.

Para que se possa mapear as oportunidades e os desafios socioeconômicos das SbN em um país agrícola e ao mesmo tempo florestal como o Brasil, é preciso identificar as bioeconomias que se estendem ao longo da paisagem conforme o grau de intervenção humana sobre a natureza. Segundo o World Resources Institute, olhando-se sob a perspectiva da paisagem, não é possível estabelecer linhas divisórias nem diferenciar tipos de uma mesma floresta, mas existem transições graduais, em que diferentes tipologias se encaixam conforme o seu manejo.[131]

As atividades ao longo do contínuo (agro)florestal vão desde a preservação permanente dos maciços florestais intocados, em uma ponta, até as monoculturas de espécies nativas ou exóticas, em outra, passando pelo enriquecimento silvicultural de áreas degradadas, pela restauração de áreas convertidas com plantio biodiverso e pelo plantio de espécies exóticas de ciclo longo, eventualmente combinadas com nativas. Cada uma dessas situações oferece possibilidades e dificuldades inerentes ao desenvolvimento de tecnologia e à geração de empregos e renda.[132]

Mas é nas paisagens mais preservadas do contínuo florestal que se encontram os maiores desafios tecnológicos, econômicos e financeiros, os quais não serão endereçados sem investimentos significativos em inovação, ciência e tecnologia, segurança no ambiente institucional e reconhecimento das externalidades por parte do setor financeiro. Somente assim poderá ser desenvolvido, por exemplo, o grande potencial das fibras naturais, entre outros tantos ativos florestais.

O setor florestal de espécies nativas no Brasil ainda é caracterizado por projetos de pequeno porte, dispersos geograficamente e pouco conectados às organizações do mundo econômico. Governos em geral não têm tido a capacidade de prover um ambiente institucional eficaz para o desenvolvimento de negócios de escala envolvendo plantio de florestas nativas, enquanto são fracas

---

[131] WRI BRASIL. Plantar florestas nativas é um bom negócio? Conheça 4 modelos. *WRI Brasil*, 9 fev. 2019.

[132] GRUPO DE BIOECONOMIA DA CONCERTAÇÃO PELA AMAZÔNIA. O valor da diversidade para a bioeconomia. *Página22*, 1º fev. 2021. Disponível em: https://bit.ly/434fCXr. Acesso em: 18 maio 2023.

as conexões entre os grandes compradores e a fragmentada franja de supridores indiretos de suas matérias-primas. Mesmo as atividades agroflorestais enfrentam dificuldades para ganhar escala.

A mobilização articulada de coordenadores de cadeias de produção é capaz de integrar diferentes elos atualmente pouco conectados. Isso também envolve uma boa articulação entre filantropia, investidores de impacto e o *mainstream* financeiro. Ampliando o olhar para toda a cadeia produtiva nacional e internacional, em publicação da Chatham House, é exposta a incorporação de SbN na cadeia de suprimentos como uma estratégia importante para o desenvolvimento sustentável.[133]

Para que as externalidades sejam internalizadas nas atividades produtivas dos setores florestal e agrícola, serão necessárias inovações em tecnologia, sistemas de produção, práticas de gestão e investimento. O valor das soluções baseadas na natureza está em assumir as externalidades, uma prática que depende em grande parte da participação do setor financeiro.

Para que as externalidades sejam internalizadas nas atividades produtivas dos setores florestal e agrícola, serão necessárias inovações em tecnologia, sistemas de produção, práticas de gestão e investimento.

Nesse sentido, as transformações estão em curso. Ainda que os agentes financeiros não tenham em mãos todas as métricas e os indicadores de que precisam para avaliar e definir decisões de investimentos relativos a ativos da natureza, há sinais claros de uma inevitável transição da economia movida por combustíveis fósseis para a de baixo carbono.

Na COP21, histórica Conferência do Clima na qual foi assinado o Acordo de Paris, a então secretária-executiva da Convenção-Quadro das Nações Unidas sobre Mudança do Clima, Christiana Figueres, afirmou: "O sinal está acima dos ruídos". Com isso, queria dizer que,

---

[133] THROP, H. *et al. How Forest Bioeconomies Can Support Nature-based Solutions*. London: Royal Institute of International Affairs, 2023. Briefing Paper. Disponível em: https://doi.org/10.55317/9781784135539. Acesso em: 24 abr. 2023.

apesar de idas e vindas na transição energética, a tendência apontava para um mundo com baixa emissão de carbono.[134]

O ruído ainda é ouvido nos dias de hoje, quando fundos de investimentos ESG adotam postura ambígua e elevam a exposição em energia fóssil, diante da alta de preços do petróleo, como a ocorrida em 2022, mas sem perder de vista as novas fronteiras do baixo carbono, mesmo sem saber exatamente como avaliá-las do ponto de vista financeiro de risco e oportunidade. Entra aí o papel dos analistas de investimento, em busca de formas de valoração de serviços ambientais e elementos da biodiversidade que deem mais precisão à tomada de decisões.

Não é tarefa fácil. As SbN, diferentemente do mercado de carbono, não contam com métricas facilmente definidas nem compreensíveis. Carbono mede-se em toneladas; biodiversidade, não. A maior parte das externalidades positivas – ou melhor, a internalização de benefícios socioambientais das SbN – não é monetizável como os créditos de carbono, embora reconhecer seu valor seja uma tendência.

É o que vem acontecendo, por exemplo, em relação ao chamado carbono *premium*. Nesse caso, utiliza-se a plataforma do mercado de carbono, que já entrou no *mainstream*, para nela adicionar valores como a da conservação da biodiversidade. Um crédito de carbono que impede ou reduz emissões e ainda conserva a biodiversidade de uma área passa a valer mais que um crédito comum, não associado à biodiversidade. Aquele crédito diferenciado recebe um *overprice*, que não significa "toneladas de biodiversidade", e sim que o crédito é dotado de uma qualidade ambiental superior.

A qualificação conecta-se à questão reputacional e de marca das organizações envolvidas. É o mesmo que avaliar a marca de uma grande empresa – *branding* não se mede em unidades quantificáveis, mas em valor. Já ficou claro que o jogo ligado à alta produção de externalidades negativas não vai prevalecer e custará caro. Mais que isso, as externalidades negativas estão passando do campo dos passivos morais para o campo dos passivos legais, o que prevê taxações

---

[134] SAFATLE, A. COP 21: em meio ao ruído, o sinal é claro. *Página22*, 5 dez. 2015. Disponível em: https://bit.ly/45itPlc. Acesso em: 18 maio 2023.

e punições, como já mostra o crescimento da litigância climática.[135] A migração do passivo moral para o legal leva o analista de investimento a considerar maiores provisões para o risco. Sem poder escapar dessa contabilidade, passa a lidar com o valor de externalidades negativas e, consequentemente, com o valor de externalidades positivas.

Os esforços para inserir esses valores nos modelos econômicos já movimentam dezenas de trilhões de dólares. Há um fluxo crescente irrigando a economia circular, a bioeconomia e as tecnologias voltadas para a mudança climática, sendo que bilhões já se direcionam para as Soluções baseadas na Natureza.[136,137] Tais recursos advêm basicamente de organizações empresariais, capital filantrópico e governos.

Por conta da maior exposição de impactos sociais e ambientais ao escrutínio da opinião pública, por meio da web e das redes sociais, ficou cada vez mais inaceitável que uma organização ou um governo faça suas atividades e largue as externalidades negativas para a sociedade resolver, ou "pagar o pato", na expressão usada por Carlos Eduardo Frickmann Young, um estudioso da economia do meio ambiente.[138] Esse pensamento também moveu governos e órgãos multilaterais a incluir a conta das externalidades nas políticas para questões climáticas, como os Green New Deals europeus e as decisões tomadas pelo presidente norte-americano Joe Biden.[139, 140]

---

[135] KOKKE, M.; WEDY, G. Litigância climática no plano internacional: análises comparativas. *Revista dos Tribunais*, v. 110, n. 1023, p. 39-58, jan. 2021.

[136] UNITED NATIONS ENVIRONMENT PROGRAMME (UNEP). *State of Finance for Nature*. UNEP, 2022. Disponível em: https://bit.ly/3q4NncG. Acesso em: 15 maio 2023.

[137] Conforme o relatório *Biodiversity Credits: Unlocking Financial Markets for Nature-Positive Outcomes*, do Fórum Econômico Mundial, créditos de biodiversidade são formas de desbloquear fluxos financeiros para as SbN, com engajamento justo e equitativo dos guardiões da biodiversidade, particularmente povos indígenas e comunidades locais.

[138] SAFATLE, A. Os responsáveis pelo pato. *Página22*, 1º set. 2014. Disponível em: https://bit.ly/432Sfxz. Acesso em: 15 maio 2023.

[139] EUROPEAN COMMISSION. *European Commission Communication: The European Green Deal* [COM(2019) 640 final]. Brussels: European Union, 2019. Retrieved from https://bit.ly/3BVKDB2. Acesso em: 15 maio 2023.

[140] THE WHITE HOUSE. ICYMI: Week of Climate Action from the Biden-Harris Administration. 16 Sept. 2022. Disponível em: https://bit.ly/3BWlh6k. Acesso em: 15 maio 2023.

Há fortes indicações, portanto, de que as finanças das SbN devem ser uma combinação de investimentos diretos e secundários, com participação articulada entre bancos comerciais, agências de desenvolvimento, fundos de impacto, investidores familiares e institucionais, seguradoras e filantropia. A receita provavelmente passará por programas de incentivos e subsídios, projetos emblemáticos e de escalas transformadoras, poder de *advocacy*, acesso a mercados e capacidade de gestão em ambientes de alta complexidade.

Isso demanda uma combinação de diferentes expectativas de retorno, tolerância ao risco, estabelecimento de correlações com outras classes de ativos, prazos de maturação dos empreendimentos e novas abordagens de compartilhamento de benefícios. O desenvolvimento de mercados para bens e serviços de SbN é um processo que pode se assentar nas transições energética e alimentar, em pleno curso.

William Deming (1900-1993), consultor empresarial, cunhou uma das frases mais emblemáticas para o mundo corporativo: "não se gerencia o que não se mede, não se mede o que não se define, não se define o que não se entende, e não há sucesso no que não se gerencia". Mas, para resolver os problemas, é preciso ir além da participação do mercado financeiro, de governos e de empresas no desenvolvimento desse arcabouço.[141,142]

Há uma discussão de fundo quando se fala em SbN: monetizar é o único caminho para reconhecer valor? Como seria possível inserir nas planilhas, por exemplo, a riqueza cultural de povos indígenas? Diferenciar preço de valor parece ser uma das saídas, considerando a máxima de que a maior parte daquilo a que as pessoas dão valor na vida não é monetizada.

Entre correntes contra e pró-monetização, fato é que o próximo passo evolutivo da civilização está na reconexão intensa e íntima com a natureza. Essa religação não necessariamente vai passar pelo

---

[141] KILL, J. *Economic Valuation and Payment for Environmental Services Recognizing Nature's Value or Pricing Nature's Destruction?*. Berlin: The Heinrich Böll Foundation, 2015.

[142] SUKHDEV, P. Costing the Earth. *Nature*, v. 462, n. 7271, p. 277-277, 2009.

mercado ou pela comercialização dos ativos da natureza, o que não quer dizer que esses elementos não possam fazer parte da equação.

Há pontos de reflexão ainda inconclusos e nos quais é preciso mergulhar fundo – especialmente o Brasil, que tem a vocação como poucos países no mundo, mas ainda não definiu claramente seu posicionamento sobre o tema nem como trabalhará seus imensos potenciais.

A agenda viabilizadora

Enquanto mercados, governos, empresas e órgãos multilaterais atuam, cada um a seu modo, em torno das SbN, há que buscar um arranjo de governança capaz de catalisar as sinergias entre os diversos atores. A governança internacional ligando as agendas de clima e de biodiversidade ainda é difusa. Mecanismos existentes, como a Convenção-Quadro das Nações Unidas sobre Mudança do Clima (UNFCCC), a Convenção sobre Diversidade Biológica (CDB), o Painel Intergovernamental sobre Mudanças Climáticas (IPCC), a Science Based Targets Initiative (SBTi)[143] e a emergente Science Based Targets for Nature (SBTN) conectam-se de forma frágil, pouco articulada e confusa com tradicionais iniciativas tais como a FAO e suas frentes florestais.

Mais do que buscar um novo mecanismo formal de governança entre tal "sopa de letrinhas", é importante um esforço de coordenação que contemple essas e outras iniciativas. O debate sobre modelos de governança globais para SbN indica que iniciativas de coordenação deveriam partir de uma visão sobre bens comuns e a relação humana com a natureza.[144]

---

[143] A SBTi é uma iniciativa global voltada à construção de base científica capaz de guiar os programas de redução de emissões de carbono de empresas em todo o mundo, tendo como objetivo o cumprimento do Acordo de Paris: limitar em até 1,5 grau o aumento da temperatura global.

[144] FLORESTAS e as Soluções baseadas na Natureza: um complexo jogo de variáveis. *Página22*, 16 ago. 2022. Disponível em: https://bit.ly/3MS8Q1C. Acesso em: 5 maio 2023.

Além da formatação desse arcabouço, há desafios no campo do monitoramento também. A evolução das SbN, como de todas as atividades emergentes, depende de instrumentos que permitam acompanhar sua evolução. Três frentes se apresentam nesse sentido: tecnologia, transparência e certificações. No primeiro grupo, o tecnológico, estão incluídos o monitoramento espacial do uso da terra, sensores de carbono (solo e atmosfera), sensores hídricos, de minerais, os relacionados à biodiversidade, à sanidade e à fisiologia vegetal. A essas tecnologias *hard* associam-se os sistemas de *blockchain*, os NFTs (*non-fungible tokens*), as criptomoedas e afins "metavérsicos". No campo da transparência, é preciso aperfeiçoar métricas e indicadores, produzir e disseminar dados primários, agregar e difundir informações consolidadas, avançando na contabilidade e nos reportes integrados.

Em um campo ainda incerto, ambíguo, pouco regulado e volátil, o papel das certificações independentes surge como elemento mitigador de risco e alavancador da credibilidade entre as diversas organizações envolvidas com as SbN. Nesse campo, não há como deixar de reconhecer o papel do Forest Stewardship Council (FSC) e de iniciativas como Verra e The Gold Standard para carbono.[145]

Especificamente no Brasil, como viabilizar a agenda de SbN? Afora todos os desafios de arranjo global, existem as idiossincrasias domésticas, que começam pela necessidade de se estabelecer um projeto nacional, ou seja, uma visão que dialogue com o futuro, no cenário do desenvolvimento nacional (*ver mais no capítulo 2*). A partir dessa imagem-objetivo, devem coordenar-se as diversas instâncias de governança, os instrumentos de fomento, como crédito rural e crédito florestal, e os arcabouços legais, como o Código Florestal, os governos locais e o papel dos estados. A governança de uso da terra no Brasil segue confusa, situação que requer maior clareza quanto ao papel dos entes federativos.

---

[145] FLORESTAS e as Soluções baseadas na Natureza: um complexo jogo de variáveis.

A palavra-chave parece ser convergência, seja entre os poderes constituídos, seja entre as agendas rural e urbana, que dividem o Brasil e tornam mais desafiadora qualquer tentativa de concertação. Ao contrário de países europeus, por exemplo, onde a agenda ambiental é fundamentalmente urbana e pós-industrial, o Brasil possui uma agenda ambidestra. Há maior suporte para a sustentabilidade nos centros urbanos, onde há menos natureza e mais espaços antropizados. Ao mesmo tempo, há maior resistência às políticas ambientais onde existe mais natureza.

Esse paradoxo terá de ser enfrentado por meio de dois vetores: o político e o tecnológico. Na dimensão tecnológica está o desenvolvimento da biotecnologia e da química verde, que o Brasil deve promover em consonância com a *Bioage*, aproveitando o forte apelo que a inovação exerce sobre o setor privado e sobre a filantropia, importante fomentadora do empreendedorismo.

Além disso, o Brasil sociobiodiverso terá de aprender a aplicar o conhecimento tradicional e ancestral no desenvolvimento tecnológico. Esse é um reconhecimento que parte inclusive de um dos maiores cientistas do país, Carlos Nobre – único brasileiro escolhido como membro em 2022 pela Royal Society, uma das mais antigas e prestigiadas sociedades voltadas a promover o conhecimento científico do mundo. Segundo ele, não é possível a ciência se basear apenas no conhecimento convencional das sociedades ocidentais brancas.

Também não se trata de apenas incorporar o saber tradicional, desconsiderando os elementos ligados aos direitos humanos e aos limites ambientais. O caso da exploração do açaí com uso de trabalho infantil é exemplo do que não fazer, assim como a prostituição envolvida na exploração da castanha-do-brasil, ou o uso de partes de animais selvagens pela medicina tradicional chinesa. Isso porque as SbN não são um mero processo instrumental, mas um novo paradigma de relacionamento com a vida, em todas as suas dimensões.

Quanto ao vetor político, também fator-chave para a implementação da agenda de SbN no Brasil, qualquer avanço dependerá da capacidade do país em reatar as partes de uma sociedade rachada após virulenta campanha ideológica, como a que se viu desde 2018. A desinformação movida por ódio tentou relegar a agenda da sustentabilidade apenas ao espectro da esquerda, como se não fosse uma bandeira e uma necessidade de toda a humanidade, independentemente de orientação político-ideológica.[146]

O desejável fortalecimento da institucionalidade a partir de 2023 abre as condições para retomar a capacidade de diálogo entre os diferentes – a exemplo do que faz a própria natureza, na qual os seres vivos evoluem por meio de processos contínuos de competição entre si e de cooperação mútua para encontrar soluções.

Nos últimos 500 anos, o Brasil explorou impiedosamente a natureza e ainda continuou a produzir vida, como se a conta nunca chegasse. Agora, a Amazônia constitui a última fronteira natural onde se pode reverter essa velha escolha que leva ao colapso. Neste imenso laboratório a céu aberto, o Brasil pode propor um modelo que concilie o crescimento econômico com a conservação, a restauração, o bem viver das pessoas e a sabedoria de agregar o conhecimento da natureza, materializado em soluções tecnológicas praticadas há milhares de anos pelos povos originários. Assim, poderá reconectar também passado e futuro.

> *Agora, a Amazônia constitui a última fronteira natural onde se pode reverter essa velha escolha que leva ao colapso.*

---

[146] REDE DE AÇÃO POLÍTICA PELA SUSTENTABILIDADE (RAPS). RAPS e Uma Concertação pela Amazônia abrem debate com nova pesquisa sobre votação de deputados da Amazônia na Climate Week NYC 2022. *Raps*, 23 set. 2022. Disponível em: https://bit.ly/434boz7. Acesso em: 5 maio 2023.

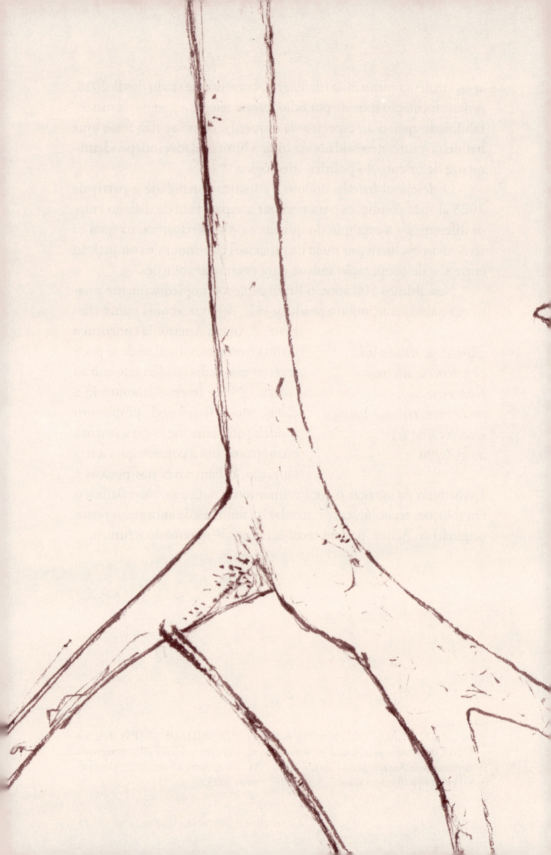

CAPÍTULO 5

O imaterial: reflorestando mentes

Cosmovisão: o mundo todo em cada aldeia

Um ser humano que se entende como parte integrante do meio onde vive naturalmente tende a cuidar desse território, e não a agredi-lo. Na cosmovisão dos povos originários, a terra não pertence aos povos indígenas, são estes que pertencem a ela. E a terra confunde-se com o seu próprio ser.[147] Cuidar do território e cuidar de si são a mesma coisa, e não por acaso a natureza está mais protegida nas Terras Indígenas (TI) do que em qualquer outra parte do Brasil.[148]

O pensamento indígena propõe um "abrir-se para dentro", entendendo que a proteção da vida na Terra é a luta de todas as lutas cotidianas. O pensamento e a prática indígenas entrelaçam-se no campo do imaterial, constituído por aquilo que se sente, em conexão com o todo e movido por uma força ancestral.

Em direção contrária a esse pensamento, a civilização branca, europeia e colonizadora impôs um modelo que se mostrou autodestrutivo a partir do momento em que desintegrou o ser humano do

---

[147] Essa cosmovisão, passada de forma oral entre as gerações yanomami, está detalhada no livro assinado pelo xamã Davi Kopenawa e o antropólogo francês Bruce Albert. *A queda do céu* é narrado por um indígena e trata do contato com os colonizadores e suas consequências, algo tido como inédito na historiografia brasileira. Segundo a tradição yanomami, são eles os responsáveis por assegurar que o céu não caia. Em diversas passagens do livro, Kopenawa relata momentos que exemplificam essas situações, em que ele próprio ou outros xamãs recorreram aos espíritos para manter o equilíbrio da floresta (KOPENAWA, D.; ALBERT, B. *A queda do céu: palavras de um xamã yanomami*. São Paulo: Companhia das Letras, 2019).

[148] FOOD AND AGRICULTURE ORGANIZATION (FAO); FONDO PARA EL DESARROLLO DE LOS PUEBLOS INDIGENAS DE AMÉRICA LATINA Y EL CARIBE (FILAC). *Forest Governance by Indigenous and Tribal People: An Opportunity for Climate Action in Latin America and the Caribbean*. Santiago: FAO; FILAC, 2021.

seu meio natural e segregou sujeito e objeto, colocando a natureza como um mero recurso a ser explorado pelo homem.

Acometida por crises ambientais e climáticas cada vez mais intensas, com impactos crescentes na sociedade e nas relações econômicas, a humanidade hoje está à procura de soluções. Mas muitas respostas já estão no conhecimento ancestral. Recompor o elo entre homem e natureza, para que a sociedade cresça *com* ela e não *contra* ela, mostra-se como o grande desafio do século XXI. Por onde começar – ou recomeçar?

Como diz a líder indígena Watatakalu Yawalapiti: "não basta reflorestar a floresta, é preciso também reflorestar a mente, o seu pensamento. Reflorestando, trazemos a cura". Reflorestar mentes – para não precisar reflorestar fisicamente os biomas – está na tônica de movimentos indígenas, puxados especialmente por mulheres e jovens. Turbinados pela comunicação digital, esses atores têm ganhado musculatura para pôr em marcha o que a Constituição Brasileira já preconizava e garantia desde 1988, como resultado de uma luta histórica de movimentos sociais (*ver box*).

A questão de gênero, que tem ganhado espaço, é especialmente importante pelo seu simbolismo. A mulher indígena é reconhecida entre os povos originários como o território primordial que dá à luz a vida, o "bioma" onde ela se origina, floresce e reproduz – a despeito de formas de organização social ainda patriarcais de diversos povos originários. Se antes era o homem indígena quem saía da aldeia para espalhar no mundo a voz de seu povo, os canais digitais hoje permitem disseminar a expressão de quem quer que seja, em qualquer lugar.

Somando-se a personalidades como Ailton Krenak,[149] Davi Kopenawa e Daniel Munduruku, passaram a ser referências para o

---

[149] Filósofo, ativista indígena e ambientalista, Ailton Krenak recupera, em alguns ensaios e palestras, a visão de mundo dos indígenas da Mata Atlântica e do Cerrado. Krenak é uma liderança histórica do movimento indígena e teve um papel crucial nas conquistas dos direitos indígenas na Assembleia Nacional Constituinte de 1987-1988 (KRENAK, A. Paisagens, territórios e pressão colonial. *Espaço Ameríndio*, v. 9, n. 3, p. 327-327, 2015).

movimento indígena lideranças femininas como Sonia Guajajara, Alessandra Munduruku, Watatakalu Yawalapiti, Célia Xakriabá e O-é Kayapó, que se tornou cacica em sua aldeia apesar do patriarcalismo do seu povo.[150] E também ganham holofotes jovens "guardiãs digitais das florestas", a exemplo de Txai Suruí e Alice Pataxó, além da própria Samela Sateré Mawé.[151]

Capitaneado pela Articulação Nacional de Mulheres Indígenas Guerreiras da Ancestralidade (ANMIGA),[152] o movimento Reflorestar Mentes representa um chamado feminino para que a humanidade volte a se conectar com a Mãe Terra, como única maneira de manter a vida no planeta. Para isso, a iniciativa propõe-se a compartilhar o conhecimento sobre a vida e o bem-viver, e cita a necessidade dessa conexão frente às múltiplas crises: impactos da emergência climática e ambiental, pandemia, fome, desemprego, racismo, LGBTfobia, machismo. "Estes são resultados de um projeto exploratório insustentável, que empurra todo o mundo a um ponto de não retorno", dizem as integrantes, por meio de manifesto.

> *Para se reconciliar com suas origens e se assumir como um país florestal e megadiverso, será fundamental o Brasil conhecer sua verdadeira identidade.*

Para se reconciliar com suas origens e se assumir como um país florestal e megadiverso, será fundamental o Brasil conhecer sua verdadeira identidade. Será preciso reconhecer que o país foi concebido de um ato violento entre a sua mãe indígena, representada pela terra, e o seu pai europeu, invasor. Cabe a este país formado por um só povo, sociodiverso e

---

[150] WWF-BRASIL. Sob liderança de uma mulher, povo kayapó luta para proteger território. *WWF-Brasil*, 7 fev. 2022. Disponível em: https://bit.ly/3q9qmFq. Acesso em: 12 maio 2023.

[151] PATAXÓ, A.; SATERÉ MAWÉ, S.; SURUÍ, T. Guardiões digitais das florestas. *Folha de S.Paulo*, São Paulo, 13 set. 2022. Disponível em: https://bit.ly/3BWjfDe. Acesso em: 12 maio 2023.

[152] ANMIGA. Manifesto Reflorestarmentes: reflorestarmentes de sonhos, afetos, soma, solidariedade, ancestralidade, coletividade e história. *ANMIGA*, 20 out. 2021. Disponível em: https://bit.ly/3MyEujk. Acesso em: 12 maio 2023.

multiétnico, identificar o seu berço indígena e valorizar a sua mãe, também representada pela natureza.

Sem conhecer e respeitar esse ponto de partida, como poderá o Brasil chegar a algum lugar como nação? E como poderá definir as responsabilidades de cada cidadão na condução do desenvolvimento sustentável?

Não cabe só aos povos indígenas proteger a natureza e conservar as florestas, nem somente a todos os brasileiros, donos de 60% das florestas tropicais do planeta. Entende-se que a responsabilidade seja globalmente compartilhada, considerando que a mudança climática ultrapassa fronteiras e afeta todo o mundo. Mas, à medida que os povos originários conquistam protagonismo, passam a participar da construção conjunta de soluções, tendo como lastro um pensamento tão ancestral quanto inovador.

Esse processo de responsabilização compartilhada vem enriquecer a trajetória da jovem democracia brasileira, ao elevar os padrões nas agendas de direitos e deveres de todos os cidadãos. Isso significa também lidar com as questões mal resolvidas do passado, marcadas por tensões de toda sorte. Tais tensões têm por trás de si o dilema identitário do país, onde há muitas mentes a reflorestar.

A CONSTITUIÇÃO BRASILEIRA E O AMPARO LEGAL AOS POVOS INDÍGENAS

Depois de um longo tempo de assassinatos e repressão no período da ditadura militar (1964-1985), os indígenas passaram a lutar mais abertamente na sociedade por seus direitos. A união feita durante a Assembleia Nacional Constituinte (1987-1988), quando se discutia a Constituição, resultou na aprovação do capítulo destinado aos povos indígenas. Com a promulgação da Constituição de 1988, eles conseguiram assegurar o direito de manter suas culturas, línguas, tradições e processos próprios de aprendizagem.[153]

---

[153] BARRETO, M. R.; EITERER, E. Memórias indígenas na ditadura: cárcere e tortura no reformatório Krenak. *In*: CONGRESSO INTERNACIONAL DE HISTÓRIA, 7.;

Pela primeira vez na história, a Constituição reservou um espaço específico à proteção dos direitos indígenas, o Capítulo VIII. Entre os direitos permanentes e coletivos, destacam-se o reconhecimento da organização social e dos costumes, das línguas, das crenças e das tradições; os direitos originários sobre as terras ocupadas tradicionalmente; a posse permanente sobre essas terras; o usufruto das riquezas do solo, rios e lagos dentro dessas terras; o uso da língua materna; e os processos próprios de aprendizagem.

Essa conquista deve-se a um processo de mobilização e debate, protagonizado por organizações sociais, como a União das Nações Indígenas (UNI). Criada em abril de 1980 durante um seminário na Universidade Federal de Mato Grosso do Sul, a UNI reuniu representantes de 15 etnias e teve um papel importante nas constituintes, além do próprio Conselho Indigenista Missionário (Cimi), reunindo nomes de destaque como Ailton Krenak e Álvaro Tukano. Após a Constituinte, no entanto, o órgão foi dissolvido, e outras entidades passaram a fazer as demandas em nome dos povos indígenas, como a Articulação de Povos Indígenas do Brasil (Apib).[154]

Outro avanço legislativo, após longa tramitação no Congresso Nacional, foi a aprovação, em 2002, da Convenção 169 da Organização Internacional do Trabalho – o primeiro instrumento internacional a tratar dos direitos coletivos dos povos indígenas, ao estabelecer padrões mínimos a serem seguidos pelos Estados. Em especial os artigos 15 e 14 da convenção preveem o direito de consulta livre, prévia e informada sobre

---

ENCUENTRO DE GEOHISTÓRIA REGIONAL, 35.; SEMANA DE HISTÓRIA, 20. 2015, Maringá. *Anais.* Disponível em: https://bit.ly/3q8Am1Z. Acesso em: 18 maio 2023.

[154] LOPES, D. B. *O Movimento Indígena na Assembleia Nacional Constituinte (1984-1988).* 2011. 186 f. Dissertação (Mestrado em História Social do Território) – Universidade do Estado do Rio de Janeiro, São Gonçalo, 2011.

decisões tomadas pelo Estado que podem afetar a vida dos povos indígenas. Ou seja, estes precisam ser respeitosamente consultados sobre projetos que possam impactar o uso, a gestão e a conservação de seus territórios. Além disso, têm o direito à indenização por danos e proteção contra despejos e remoções de suas terras tradicionais.[155]

Os anos mais recentes, no entanto, não foram de cumprimento pleno da Constituição e do arcabouço legal conquistado.[156] A maior ameaça de retrocesso vem da tese do marco temporal, em análise no Supremo Tribunal Federal (STF).[157] Trata-se do julgamento do recurso extraordinário da Funai que discute a posse da Terra Indígena Ibirama-La Klãnõ, do povo Xokleng, em Santa Catarina.

Nesse caso, contrapõem-se duas teses jurídicas: o marco temporal, segundo o qual os indígenas têm direito somente às terras que ocupavam no dia 5 de outubro de 1988, quando a Constituição foi promulgada, e a do indigenato, pela qual os povos indígenas têm direito aos seus territórios tradicionalmente ocupados, como prevê o artigo 231 da Constituição, sem qualquer limitação, e cabe ao Estado demarcar e proteger todas as terras.

Segundo advogados indígenas, o marco temporal, além de limitar o direito das comunidades indígenas, anistia os crimes cometidos contra esses povos, especialmente os que ocorreram durante a ditadura militar, quando muitas terras indígenas foram invadidas e griladas. ■

---

[155] DINO, N. A. Entre a Constituição e a Convenção n. 169 da OIT: o direito dos povos indígenas à participação social e à consulta prévia como uma exigência democrática. *Boletim Científico – Escola Superior do Ministério Público da União (ESMPU)*, Brasília, ano 13, p. 42-43, 2014.

[156] CONSELHO INDIGENISTA MISSIONÁRIO (CIMI). Povos indígenas denunciam governo brasileiro à ONU por paralisação de demarcações e descaso frente à pandemia. *CIMI*, 27 abr. 2021. Disponível em: https://bit.ly/44ndhI0. Acesso em: 12 maio 2023.

[157] AMADO, L. H. E. O direito originário dos povos indígenas. *Apib*, 20 out. 2020. Disponível em: https://bit.ly/3WtWEal. Acesso em: 18 maio 2023.

Disputas além dos territórios:
tensões, avanços e retrocessos

Os povos indígenas foram os primeiros a ser escravizados quando os portugueses aportaram neste continente, formando a força de trabalho usada na montagem dos engenhos de açúcar no Brasil colonial, antes de os traficantes trazerem os africanos escravizados. Mas mostraram resistência. A recusa, a luta e o combate com os colonizadores foram o bastante para se enraizar ao longo dos séculos o estereótipo do "índio preguiçoso", que não quer trabalhar.

O que ditava o jogo desde o início, entretanto, era um choque de civilizações: não fazia sentido nenhum trabalhar para acumular riquezas. Para os povos originários, a riqueza não está na acumulação de bens para usufruto futuro, pois o futuro nada mais é que o presente, que oferece o necessário para alimentar corpo e alma: os rios, as plantas, os bichos, a natureza, desde que tenham acesso garantido a um território protegido.[158]

Mas o que parecia dado como certo – imensidão de terras pródigas em biodiversidade, alimentos e água – continua sob ameaça. Essa ameaça se dá pela questão territorial, como a falta de homologação de Terras Indígenas,[159] a invasão destas por atividades criminosas e o

---

[158] A importância do território para a sobrevivência dos povos indígenas é reconhecida pelo Instituto Brasileiro de Geografia e Estatística (IBGE): "O peso relativo da população indígena nas regiões Norte e Centro-Oeste reafirma sua importância nas formas de uso dos biomas Amazônia e Cerrado, nos quais a dimensão das Terras Indígenas constitui elemento central nas formas de sobrevivência física e cultural das diversas etnias e grupos indígenas que aí habitam" (INSTITUTO BRASILEIRO DE GEOGRAFIA E ESTATÍSTICA (IBGE). *Os indígenas no Censo Demográfico 2010: primeiras considerações com base no quesito cor ou raça*. Brasília: IBGE, 2012).

[159] Na definição legal brasileira, Terra Indígena (TI) "é uma porção dentro do território nacional, habitada por uma ou mais comunidades indígenas, a qual após regular processo administrativo, respeitado o devido processo legal de demarcação e homologação por Decreto Presidencial, é levada à registro imobiliário como propriedade da União (artigo 20, XI, da CF/88), perfectibilizando a área formalmente como de usufruto indígena. Assim sendo, se trata de um bem de uso especial da União, afetado administrativamente por uma finalidade pública". Segundo a Funai, existem 680 áreas registradas como TIs, o que representa 13,75% do território nacional – a maior parte localizada na Amazônia Legal. Desse total, 443 completaram o processo de demarcação, ou seja, estão homologadas/regularizadas. As demais 237 estão sob análise. Na distribuição por região, as TIs regularizadas estão em maior parte no Norte (54%), Centro-Oeste (19%), Nordeste (11%), Sul (10%) e Sudeste (5%).

avanço da fronteira agrícola. Mas também pela mudança climática, que afeta diretamente os povos indígenas e seus modos de sobrevivência. Como pano de fundo dessas tensões, está o racismo institucional, um fenômeno em que a cultura e os povos indígenas, em pleno século XXI, são alijados do processo de condução da nação, quando não vítimas de tentativas de apagamento e de genocídio.

Estimada em 3 milhões de indivíduos quando os portugueses chegaram ao Brasil, em 1500, a população indígena sofreu uma drástica redução nos séculos seguintes. Em 2010, 818 mil pessoas se diziam indígenas, o equivalente a 0,4% da população, segundo o Censo de 2010. Dados preliminares do Censo mais recente, iniciado em 2022, apontam para 1,4 milhão de indígenas, o que representaria um crescimento de 66%. Ainda segundo a edição de 2010, o Brasil registrava 305 etnias e 274 idiomas.[160]

Autores ressaltam que a historiografia tradicional deu pouca atenção à violência sofrida pelos povos, minimizando o sistema de exploração e espoliação e o extermínio, que permanecem desde o começo da colonização até os dias atuais. "Enquanto na historiografia tradicional o protagonismo histórico do indígena foi abafado, na Antropologia – onde as culturas indígenas são frequentemente discutidas – pouco ou nada se fala do racismo contra os povos indígenas", cita estudo que contou com a participação de Ailton Krenak.[161]

Em seu livro *Os índios e a civilização*, Darcy Ribeiro fala sobre a violência da "integração", o conflito entre colonos e indígenas que "barravam o caminho da expansão". Ele escreve ainda que "de acordo com a visão quase unânime dos historiadores brasileiros e até mesmo dos antropólogos que estudaram o problema, esse enfrentamento teria como efeito a desaparição das tribos ou a sua absorção pela sociedade nacional".[162]

Segundo Milanez *et al.*, muitas das dificuldades que os indígenas encontram hoje estão diretamente relacionadas com a escravidão do

---

[160] INSTITUTO BRASILEIRO DE GEOGRAFIA E ESTATÍSTICA (IBGE). *Os indígenas no Censo Demográfico 2010: primeiras considerações com base no quesito cor ou raça.*

[161] MILANEZ, F. *et al.* Existência e diferença: o racismo contra os povos indígenas. *Revista Direito e Práxis*, v. 10, p. 2161-2181, 2019.

[162] RIBEIRO, D. *Os índios e a civilização.* São Paulo: Global, 2017.

passado: "foi coibida, foi negada, e até hoje a escravidão indígena nas fronteiras agrícolas é uma prática constante, como entre os kaiowá e os guarani no Mato Grosso do Sul ou nos subempregos em lavouras de soja no Mato Grosso".[163]

O escritor Daniel Munduruku, em diversas ocasiões, ressaltou a falta de interesse da imprensa nacional pelo assunto enquanto os ataques se desenrolavam.

> Cada povo afetado pelas frentes de expansão acabava sendo vitimado por ondas de violência cada vez mais intensas e nocivas, sem ter consciência de que tal devastação cultural fazia parte da política desenvolvimentista patrocinada pelo capital internacional e executada pela recém-criada Funai. O que poderia ter sido interpretado como alívio para nossos povos era, na verdade, mais um golpe contra os interesses indígenas.[164]

A repetição dessas ondas de violência pode ser vista em regiões do Mato Grosso do Sul, onde os Guarani-Kaiowá tentam retomar suas terras ancestrais, de onde foram expulsos durante a ditadura militar. Em 2022, o massacre de Guapoy, como ficou conhecido o episódio que deixou um indígena morto e pelo menos nove gravemente feridos, teve grande repercussão. Há um longo histórico de conflitos entre indígenas que aguardam a demarcação e fazendeiros no estado, que vive forte expansão agrícola nas últimas décadas.[165]

Somente em 2021, foram registrados 176 assassinatos de indígenas no país, segundo o *Relatório Violência Contra os Povos Indígenas no Brasil*, do Cimi. Quando se consideram outros tipos de violência, com abuso de poder, racismo e assédio, foram 355 casos.[166]

---

[163] MILANEZ, F. *et al.* Existência e diferença: o racismo contra os povos indígenas.

[164] MUNDURUKU, D. *O Caráter Educativo do Movimento Indígena Brasileiro (1970-1990)*. São Paulo: Paulinas, 2012. p. 209.

[165] PONTES, N. Em estado movido pelo agro, indígenas guarani-kaiowá tentam retomar terras. *DW Brasil*, 24 jun. 2022. Disponível em: https://bit.ly/428vAie. Acesso em: 12 maio 2023.

[166] MISSIONÁRIO, CONSELHO INDIGENISTA (CIMI). *Relatório Violência Contra os Povos Indígenas no Brasil: dados de 2018*. Brasília: Cimi, 2021.

Os estados com maior número de assassinatos de indígenas no período, apontam os dados do Sistema de Informações sobre Mortalidade (SIM) e de secretarias estaduais de saúde, foram Amazonas (38), Mato Grosso do Sul (35) e Roraima (32). Os três estados também registraram a maior quantidade de assassinatos em 2020 e em 2019.

Na visão de Kum'Tum Akroá Gamela,[167] o racismo estabelecido pelo Estado, e sustentado por várias instituições, faz com que indígenas como ele tenham de provar, no dia a dia, a sua própria existência. Isso se dá em atos corriqueiros, desde o registro de uma criança – quando o cartório se recusa a registrar a criança como indígena – até reuniões com a Funai – em que os agentes se referem a alguns indígenas como "autodenominados indígenas", criando subcategorias de subjetividade (*ver box*).

O RACISMO INSTITUCIONAL NO BRASIL

O livro *Os fuzis e as flechas: história de sangue e resistência indígena na ditadura* investiga a formação histórica do racismo estabelecido pelo Estado e remonta a eventos que marcaram a atuação de diversas personalidades envolvidas na chamada questão indígena, entre os anos 1960 e o início da década de 1980.

O autor consultou documentos sigilosos que foram disponibilizados apenas ao fim da ditadura, assinados pelo Serviço de Proteção aos Índios (SPI), pela Funai, pelo Ministério do Interior e pela Assessoria de Segurança e Informações (ASI) instalada na Funai como braço do Serviço Nacional de Informação (SNI), por exemplo. Ao fim, o livro leva à conclusão de que o genocídio indígena não foi fruto de mero descaso, mas consentido pelo Estado.[168]

Mesmo na Comissão Nacional da Verdade, que investigou os crimes da ditadura, a violência contra esses povos foi diminuída

---

[167] MILANEZ, F. *et al.* Existência e diferença: o racismo contra os povos indígenas.

[168] VALENTE, R. *Os fuzis e as flechas: história de sangue e resistência indígena na ditadura.* São Paulo: Cia das Letras, 2017.

a textos temáticos.[169] Essas populações não tiveram participação direta na elaboração do relatório, que contou com apenas uma pessoa indígena entre 30 pesquisadores "aliados" e "intermediários". ∎

Tal processo estrutural resulta em fatos como as invasões às TIs e ameaças a indígenas isolados, conforme denunciado diversas vezes por órgãos como o Cimi.[170] Vivem cerca de 30 povos isolados nas TIs Yanomami, nos estados de Roraima e Amazonas; Vale do Javari, no Amazonas; Arariboia, no Maranhão; Mamoadate, no Acre; e Munduruku, Kayapó e Ituna-Itatá, no Pará. Nelas, invasores exploram madeira, abrem garimpos, desmatam, poluem as águas, matam ou afugentam a caça e os peixes e atentam diretamente contra a vida desses povos. No Vale do Javari, a fiscalização e a denúncia dos crimes que vinha sendo feita pelo servidor da Funai Bruno Araújo Pereira, acompanhado do jornalista britânico Dom Phillips, resultou no assassinato de ambos, em junho de 2022.

O racismo institucional influi também em tensões no campo legislativo, que encontraram eco notadamente nos anos do governo Bolsonaro, declaradamente contra a demarcação de Terras Indígenas. Em Brasília, diversos projetos de lei em tramitação são apontados pelas lideranças como perigosos para o modo de vida que desejam manter e com potencial de violar os direitos dessa população, tais como o Marco Temporal,[171] a mineração em Terras Indígenas,[172] a flexibilização do

---

[169] VALENTE, R. *Os fuzis e as flechas: história de sangue e resistência indígena na ditadura*, p. 339-342.

[170] Na TI Uru-Eu-Wau-Wau, Rondônia, por exemplo, o aumento do desmatamento por invasores duplicou entre 2018 e 2020 (CONSELHO INDIGENISTA MISSIONÁRIO (CIMI). Ameaça de genocídio paira sobre povos indígenas isolados no Brasil. *Conselho Indigenista Missionário*, 20 jul. 2020.

[171] O PL n.º 490/2007 prevê a restrição das demarcações de Terras Indígenas com base na tese do marco temporal, ou seja, prevê que sejam destinadas aos povos indígenas somente as terras que estavam ocupadas por eles na data de promulgação da Constituição Federal, em 5 de outubro de 1988. Na prática, inviabiliza as mais de 800 Terras Indígenas ainda não reconhecidas.

[172] O PL n.º 191/2020 permite a mineração industrial e artesanal, a geração hidrelétrica, a exploração de petróleo e gás e a agricultura em larga escala nas TIs. Remove, ainda, o poder de veto dessas comunidades sobre as decisões.

licenciamento ambiental,[173] a Regularização Fundiária (conhecida como MP da Grilagem)[174] e a ampliação do porte de armas, que amplia o poder de fogo de invasores e do crime organizado.[175]

Mudança do clima sentida na pele

Não bastassem essas violências relativas ao território, os povos indígenas sofrem os impactos da mudança climática e da crise de biodiversidade antes de outras populações, na medida em que dependem sensivelmente de um ambiente equilibrado. Alterações nos ritmos de cheias e vazantes de rios, por exemplo, ou no ciclo das chuvas, interferem no acesso aos alimentos, como os peixes, principal fonte de proteína, e as farinhas, plantadas em roçados.

Na Amazônia, o desmatamento também altera o microclima local. A alta na temperatura, uma das consequências do desmatamento, tem mudado o funcionamento da floresta e a vida dos povos indígenas. Durante o primeiro encontro das mulheres indígenas no Xingu, Wisio Kaiabi, de 60 anos, uma das pioneiras no movimento de mulheres, associa a proximidade dos plantios de soja e a consequente diminuição das árvores.

---

[173] O PL n.º 3729/2004 enfraquece os requisitos para o licenciamento ambiental, isenta 13 tipos de atividades impactantes e permite o "autolicenciamento" para uma série de projetos.

[174] O PLS n.º 510/2021(PL n.º 2633/2020) retoma pontos do texto original da MP n.º 910/2019, a chamada MP da Grilagem, e propõe alterações que beneficiam médios e grandes posseiros e especuladores de terra. Incentiva a ocupação de novas áreas de floresta pública e promove a grilagem e o desmatamento ilegal.

[175] O PL n.º 3.723/2019 "altera o Estatuto do Desarmamento, o Código Penal, a Lei de Segurança Bancária e a Lei de Segurança Nacional, para disciplinar o Sistema Nacional de Armas (Sinarm), estabelecer definições, modificar regras do registro, cadastro e porte de armas de fogo. Aumenta penas e modifica a descrição dos crimes. Regula o exercício das atividades de colecionador, atirador esportivo e caçador (CAC)". Já o PL n.º 6.438/2019 "altera a Lei n.º 10.826, de 22 de dezembro de 2003, que dispõe sobre registro, posse e comercialização de armas de fogo e munição, sobre o Sistema Nacional de Armas (Sinarm), e define crimes, e dá outras providências".

Os impactos relatados pelos indígenas estão de acordo com medições de pesquisadores. Quando uma área de floresta desaparece para se transformar em lavoura, a temperatura da superfície sobe até 5 °C. Segundo o Instituto de Pesquisa Ambiental da Amazônia (IPAM), esse efeito também aumenta a temperatura do ar próximo à superfície, assim, o desmatamento em grande escala, como ocorreu no entorno do Xingu, pode teoricamente explicar a sensação térmica narrada pelos indígenas. O sumiço da cobertura florestal tem impacto também sobre a produção de água. Sem árvores, todo o vapor que elas transferem para o ar, por meio de um processo chamado de evapotranspiração, desaparece.[176]

No Xingu, com as mudanças do padrão climático, as mulheres tentam agora reaprender a plantar na hora certa. A diminuição e a irregularidade das chuvas já provocaram perdas nas colheitas de mandioca, banana, batata-doce e amendoim. Para Wisio Kaiabi, cacica na aldeia Kwaruja, a sobrevivência de todos está atrelada à presença da mata.[177]

No estado do Amazonas, no Alto Rio Negro, os relatos são semelhantes. O regime hidrológico do rio se encontra alterado, na percepção dos indígenas, pois os períodos de cheias e vazantes não estão mais regularizados. Como consequência, as atividades do dia a dia, como pesca, caça e agricultura, ficam "bagunçadas".

Segundo a FAO,[178] a situação dos indígenas e das populações tribais se tornou urgente. Questões políticas, econômicas, geográficas e culturais colocaram os territórios indígenas em xeque, em um quadro agravado pela pandemia de covid-19. Esse cenário está

---

[176] O estudo do instituto mostra que a conversão da floresta em plantações e pastagens, entre 2000 e 2010, fez com que 35 km³ de vapor de água deixassem de ser produzidos. Uma área de floresta convertida em lavoura apresenta redução de 33% na evapotranspiração (SILVÉRIO, D. V. *et al*. Agricultural Expansion Dominates Climate Changes in Southeastern Amazonia: The Overlooked Non-GHG Forcing. *Environmental Research Letters*, v. 10, n. 10, p. 104015, 2015).

[177] RIBEIRO, M. F. A grande batalha das mulheres do Xingu. *DW*, 29 maio 2019. Disponível em: https://bit.ly/45CT3uW. Acesso em: 12 maio 2023.

[178] FOOD AND AGRICULTURE ORGANIZATION (FAO); ALLIANCE OF BIOVERSITY INTERNATIONAL; CIAT. *Indigenous Peoples' Food Systems: Insights on Sustainability and Resilience in the Front Line of Climate Change*. Rome, 2021.

diretamente ligado ao aumento da demanda por alimentos, energia, minérios e madeira, além de projetos de infraestrutura.

Entre as vítimas estão nomes importantes de lideranças indígenas, como cacique Aritana Yawalapiti, do Alto Xingu, e Paulinho Paiakan, do povo Kayapó. A morte de anciãos representa um golpe duro para o conhecimento ancestral e de línguas indígenas ameaçadas, como é o caso do yawalapiti. O *Atlas das línguas em perigo da Unesco* calcula que 190 línguas indígenas estejam em risco no Brasil.[179]

Mas, ao mesmo tempo que se encontram entre os grupos mais vulneráveis, povos indígenas também aparecem como parte da solução nos esforços para conter a mudança climática. O relatório da FAO, com base em centenas de estudos científicos, conclui que os indígenas são os melhores guardiões das florestas e pede apoio internacional para protegê-los.

Mais recentemente, diante das diversas crises planetárias, a academia gradativamente reconhece a importância do conhecimento desses povos. O relatório da Science Panel for The Amazon, por exemplo, dedicou um capítulo inteiro ao tema.[180] Os autores pontuam que os conhecimentos indígena e local são importantes para os esforços de conservação e desenvolvimento sustentável. Ao mesmo tempo, falta reconhecimento apropriado ou internalização dos resultados apresentados por eles, dificultando a produção justa de conhecimento e a tomada de decisões informadas em escala nacional e internacional.

O reconhecimento sobre o saber indígena e sua sofisticada contribuição na construção de soluções descortina um novo papel político desses atores, ainda que a luta por direitos civis não tenha se resolvido nesses últimos 30 anos pós-Constituinte.

---

[179] MOSELEY, C. (Ed.). *Atlas of the World's Languages in Danger*. Unesco, 2010.

[180] SCIENCE PANEL FOR THE AMAZON (SPA). *Amazon Assessment Report 2021: Executive Summary*. New York: United Nations Sustainable Development Solutions Network, 2021.

O processamento de conflitos históricos e atuais, seguido de sua superação e reconfiguração de novas realidades, abre espaço para o futuro. Mas é importante que esses novos caminhos sejam bem estruturados, no campo da governança, para não se repetir um movimento pendular de avanço e retrocesso, como se viu na história brasileira em relação ao respeito aos direitos e à cultura dos povos originários.

A nova voz política: autonomia e protagonismo dos povos originários

A governança climática e ambiental, necessária para reconstruir o protagonismo brasileiro no mundo a partir de 2023, com o novo governo eleito, passa pela participação ativa dos atores indígenas nas mais diversas esferas da sociedade. Essa participação vai desde o ideário até a construção e execução propriamente dita das políticas, superando o histórico racismo institucional.

Se no passado o movimento indígena pautava-se essencialmente pela reivindicação de direitos como o reconhecimento e a proteção de territórios, hoje integra uma agenda de deveres que cabe a toda a sociedade. Há diversas frentes em que esse protagonismo indígena conquista papel político e deve participar ativamente: na academia, na (bio)economia, na saúde, na opinião pública, nos fóruns globais e nos poderes constituídos, como o Legislativo e o Executivo.

Um dos desafios nesse caminho está em aliar o conhecimento tradicional ao científico e tecnológico na busca conjunta de soluções para combater a mudança do clima, conservar a biodiversidade e estimular o florescimento da bioeconomia. As universidades precisam se abrir de fato ao modo de pensar indígena, abraçando as referências e as culturas que não sejam eurocêntricas e reforçando, assim, o traço original identitário do Brasil.

Os povos indígenas já conheciam, antes da ciência ocidental, a influência da Lua sobre as marés, por exemplo. E já informavam os pesquisadores sobre as "descobertas" da ciência, sobretudo as advindas de expedições científicas, como pontua o antropólogo Otávio

Velho[181] – para quem acentuar os significados das diversidades culturais pode ser um bom ponto de partida nos debates sobre ciência, tecnologia e inovação no país. Segundo ele, esse aprofundamento, no entanto, precisa admitir que essas informações fazem parte de verdadeiros corpos de conhecimento e que, portanto, a ciência ocidental moderna é apenas uma entre muitas formas de conhecimento.

Ao mesmo tempo que se considera a importância dos indígenas em relação à produção de conhecimento para a construção de um país mais justo e mais seguro do ponto de vista climático e ambiental, os povos originários que mantêm as florestas vivas precisam ser reconhecidos e remunerados pelos serviços ambientais prestados ao equilíbrio do clima, à biodiversidade, à proteção dos solos e da água e ao regime de chuvas de que todo o Brasil depende para o abastecimento humano, a produção industrial e de alimentos e a geração de energia.

Tal reconhecimento já faz parte do saber acadêmico, mas deve chegar ao entendimento de toda a população brasileira. Por isso, a disseminação de visões, culturas e posicionamentos do ponto de vista indígena se faz tão essencial. A boa notícia é que entrou em cena a juventude indígena, pujante produtora de conhecimento, de cultura, de opiniões. Mais recentemente, começaram a proliferar exemplos de indígenas no comando da narrativa, contando a própria história de seu povo.[182] São diversos os perfis que chamam a atenção nas redes sociais: Txai Suruí,[183] Alice Pataxó, Cristian Wariu, comunicador do povo Xavante, e a cineasta Kamikia Kisedje, entre tantos outros.

Eles também passaram a assinar ou protagonizar mais produções cinematográficas que circulam fora do país e projetam suas aldeias

---

[181] CONHECIMENTOS tradicionais na Pan-Amazônia. *Cadernos de Debates Nova Cartografia Social*, Manaus, Projeto Nova Cartografia Social da Amazônia, UEA Edições, n. 1, 2010.

[182] ARAÚJO, T. Jovens indígenas abrem nova frente na luta pelos direitos dos povos originários. *#Colabora*, 10 ago. 2022. Disponível em: https://bit.ly/3os4swM. Acesso em: 18 maio 2023.

[183] SURUÍ, T. Demarcando o espaço indígena nas telas. *Folha de S.Paulo*, São Paulo, 22 ago. 2022.

para o mundo, como *A última floresta* (2021) e *O território* (2022), vencedor do Prêmio do Público e o Prêmio Especial do Júri do Festival de Cinema Sundance, em 2022. Em dezembro desse mesmo ano, Brasília sediou o 1º Festival de Cinema e Cultura Indígena (FeCCI), idealizado pelo cineasta indígena Takumã Kuikuro. O evento foi todo pensado por indígenas, centrado em sua produção audiovisual e com o objetivo de contribuir para a difusão de filmes e da cultura dos povos originários.

É politicamente estratégico o movimento indígena comandar sua própria narrativa, e não a partir dos olhos de indigenistas e funcionários do governo, como se estivessem sob permanente tutela. Esse ponto de inflexão política, que já resultava na crescente participação da juventude indígena em fóruns internacionais, mostra sua força mais recentemente por meio da ocupação de postos no Congresso Nacional (*ver box*) e no Executivo, a partir da criação do Ministério dos Povos Originários, em 2023.

> *É politicamente estratégico o movimento indígena comandar sua própria narrativa, e não a partir dos olhos de indigenistas e funcionários do governo, como se estivessem sob permanente tutela.*

Os ganhos estão além da própria esfera indígena, pois refletem um amadurecimento do processo democrático brasileiro, tendo o entendimento da diversidade e do respeito às minorias como um valor da nação. Representa também o encontro do Brasil consigo mesmo e sua identidade fundadora.

CRESCE A REPRESENTAÇÃO POLÍTICA DAS MULHERES INDÍGENAS

As eleições de 2022 representaram um salto de candidaturas femininas indígenas. O crescimento, segundo a Apib, foi de 193% desde 2014, passando de 29 para 85 candidaturas. O crescimento dos candidatos homens nesse período foi de 80,35%.

Esta foi a maior participação indígena nas eleições até o momento. Em 2022, a Campanha Indígena da Apib apoiou

30 candidaturas, entre homens e mulheres, que representam 31 povos diferentes. Do total, 12 eram postulantes ao cargo de deputado federal; e 18, ao cargo de deputado estadual, sendo a maioria formada por mulheres, em ambas categorias.

Em 2018, Sonia Guajajara compôs a chapa do Psol como vice do então candidato Guilherme Boulos, inaugurando uma fronteira inédita nas eleições presidenciais do Brasil. Naquele ano, Joenia Wapichana, do partido Rede Sustentabilidade, recebeu 8.491 votos e foi eleita a primeira deputada federal pelo estado de Roraima em 190 anos de Parlamento. Antes dela, Mário Juruna havia sido o primeiro indígena a conquistar uma vaga na Câmara dos Deputados (1983-1987). Wapichana também foi a primeira mulher indígena a se formar em Direito no Brasil, em 1997, pela Universidade Federal de Roraima (UFRR). Em 2022, não conseguiu se reeleger, mas cinco novos nomes foram escolhidos para a Câmara dos Deputados, um novo recorde.

Uma delas é Sonia Guajajara, coordenadora executiva da Apib e integrante do Conselho da Iniciativa Inter-Religiosa pelas Florestas Tropicais no Brasil, eleita pelo Psol de São Paulo. Outra é Célia Xakriabá, eleita pelo Psol de Minas Gerais. Ela, que integrou a primeira turma de Educação Indígena da Universidade Federal de Minas Gerais (UFMG), em 2013, tem como pauta a defesa dos territórios indígenas e de ações que atenuem a mudança climática. Também conquistaram mandato os indígenas Juliana Cardoso (PT-São Paulo), Paulo Guedes (PT-MG) e Sílvia Waiãpi (PL-AP). ∎

O movimento político indígena no Brasil não se dá de forma dissociada de uma onda crescente no cenário internacional. A voz dos povos originários brasileiros soma-se a muitas outras vozes indígenas nos cantos do mundo.[184] Falantes da maioria das 7 mil

---

[184] A relatoria especial das Nações Unidas para Povos Indígenas estima que existam mais de 476 milhões de indígenas em 90 países em todo o mundo. Distribuídos em 5 mil grupos distintos, eles representam 6,2% da população global.

línguas existentes no mundo, os indígenas têm em comum uma ligação histórica com suas regiões de origem antes da colonização e um forte vínculo com suas terras. Eles mantêm, pelo menos em parte, sistemas sociais, econômicos e políticos distintos, com línguas, culturas, crenças e sistemas de conhecimento diferentes.[185]

A troca de visões, cosmovisões e conhecimento entre todos esses povos, unindo o eixo Norte-Sul, traz uma riqueza sobre o entrelaçamento da questão climática (uma crise que mostra a vulnerabilidade da vida) com a da biodiversidade (que afirma a vida). A proteção da diversidade – das pessoas, da natureza, da Mãe Terra – ilumina os caminhos para enfrentar o desequilíbrio climático. Se em cada povo indígena nasce uma visão de mundo, o mundo encontra em cada aldeia as muitas respostas que procura.

---

[185] UNITED NATIONS. *Indigenous Peoples*. Disponível em: https://bit.ly/432eeF0. Acesso em: 18 maio 2023.

Referências

ABDENUR, A.; TEIXEIRA, I.; WAGNER, J.; ABRAMOVAY, P. *Clima e estratégia internacional: novos rumos para o Brasil.* Prefácio de Celso Amorim. São Paulo: Cipó, 2022.

ALMEIDA, A. W. B. (Org.). *Cadernos de debates Nova Cartografia Social: conhecimentos tradicionais na Pan-Amazônia.* Manaus: Projeto Nova Cartografia Social da Amazônia; UEA Edições, 2010.

AMADO, L. H. E. O direito originário dos povos indígenas. *Apib*, 20 out. 2020. Disponível em: https://bit.ly/3WtWEal. Acesso em: 18 maio 2023.

AMAZÔNIA 2030. *Oportunidades para exportação de produtos compatíveis com a floresta na Amazônia brasileira.* Belém: Amazônia 2030, 2021. 104 p. Disponível em: https://bit.ly/42ZTBt7. Acesso em: 26 abr. 2023.

ANMIGA. Manifesto Reflorestarmentes: reflorestarmentes de sonhos, afetos, soma, solidariedade, ancestralidade, coletividade e história. *ANMIGA*, 20 out. 2021. Disponível em: https://bit.ly/3MyEujk. Acesso em: 12 maio 2023.

BALTENSPERGER, M. *et al.* The European Union-Mercosur Free Trade Agreement: Prospects and Risks. *Bruegel*, 2019.

BANCO NACIONAL DE DESENVOLVIMENTO. Crédito Rural: desempenho operacional. *BNDES*. Disponível em: https://bit.ly/3OwWH36. Acesso em: 26 abr. 2023.

BARRETO, M. R.; EITERER, E. Memórias indígenas na ditadura: cárcere e tortura no reformatório Krenak. *In*: CONGRESSO INTERNACIONAL DE HISTÓRIA, 7; ENCUENTRO DE GEOHISTÓRIA REGIONAL, 35; SEMANA DE HISTÓRIA, 20, 2015, Maringá. *Anais.* Disponível em: https://bit.ly/3q8Am1Z. Acesso em: 18 maio 2023.

BIRNER, R. Bioeconomy Concepts. *In*: LEWANDOWSKI, I. (Ed.). *Bioeconomy.* Cham: Springer, 2018. p. 17-38.

BRASIL. Habilitar-se para emissão da Guia de Trânsito Animal (GTA). Disponível em: https://bit.ly/3MvJo0d. Acesso em: 20 abr. 2023.

BRASIL. Ministério da Agricultura e Pecuária. Exportações do agronegócio fecham 2022 com US$ 159 bilhões em vendas. *Gov.br*, 17 jan. 2023. Disponível em: https://bit.ly/3BLZr59. Acesso em: 26 abr. 2023.

BRASIL. Ministério da Agricultura, Pecuária e Abastecimento. *Plano Setorial de Mitigação e de Adaptação às Mudanças Climáticas para a Consolidação de uma Economia de Baixa Emissão de Carbono na Agricultura: Plano ABC*. Brasília: Ministério da Agricultura, Pecuária e Abastecimento, 2012.

BRITO, M. O agro e a revolução evolutiva. *AGFeed*, 1º maio 2023. Disponível em: https://bit.ly/45s2X2u. Acesso em: 12 maio 2023.

BRITO, M. Os desafios do agronegócio brasileiro. *In*: BRAGA, C. A. P.; PAIVA, P. T. A. (Orgs.). *Produtividade e o futuro da economia brasileira*. Belo Horizonte: Fundação Dom Cabral, 2021.

BUAINAIN, A. M.; VIEIRA, P. A. Seguro Agrícola no Brasil: desafios e potencialidades. *Revista Brasileira Risco e Seguro*, v. 7, p. 39-68, 2011.

BUCCI, E. Desinformação e panepolítica. *Revista Brasileira*, n. 114, 2023.

CENTRO DE ESTUDOS AVANÇADOS EM ECONOMIA APLICADA (CEPEA-USP). PIB do agronegócio brasileiro. 2023. Disponível em: https://bit.ly/42YjfhA. Acesso em: 26 abr. 2023.

CHIAPETTI, J. *O uso corporativo do território brasileiro e o processo de formação de um espaço derivado: transformações e permanências na Região Cacaueira da Bahia*. 2009. 205 f. Tese (Doutorado em Geografia) – Universidade Estadual Paulista Júlio de Mesquita Filho, Rio Claro, 2009. Disponível em: Disponível em: http://hdl.handle.net/11449/104368. Acesso em: 24 abr. 2023.

CHIAPETTI, J.; ROCHA, R. B.; CONCEIÇÃO, A. S.; BAIARDI, A.; SZERMAN, D.; VANWEY, L. *Panorama da cacauicultura no território litoral sul da Bahia: 2015-2019*. Ilhéus: Instituto Floresta Viva, 2020.

CHIARETTI, D. Secretaria do Clima ganha força como sugestão para próximo governo. *Valor Econômico*, 20 set. 2022. Disponível em: https://bit.ly/44Farhk. Acesso em: 12 maio 2023.

CISNEROS, E.; KIS-KATOS, K.; NURYARTONO, N. Palm Oil and the Politics of Deforestation in INDONESIA. *Journal of Environmental Economics and Management*, v. 108, p. 102453, 2021.

CONHECIMENTOS tradicionais na Pan-Amazônia. *Cadernos de Debates Nova Cartografia Social*, Manaus: Projeto Nova Cartografia Social da Amazônia; UEA Edições, n. 1, 2010.

CONSELHO INDIGENISTA MISSIONÁRIO (CIMI). Ameaça de genocídio paira sobre povos indígenas isolados no Brasil. *Conselho Indigenista Missionário*, 20 jul. 2020. Disponível em: https://bit.ly/3ouoiaL. Acesso em: 12 maio 2023.

CONSELHO INDIGENISTA MISSIONÁRIO (CIMI). Povos indígenas denunciam governo brasileiro à ONU por paralisação de demarcações e descaso frente à pandemia. *CIMI*, 27 abr. 2021. Disponível em: https://bit.ly/3vBOAeT. Acesso em: 12 maio 2023.

CONTINI, E.; ARAGÃO, A. O agro brasileiro alimenta 800 milhões de pessoas. Brasília: Embrapa, 2021. Disponível em: https://bit.ly/3OgXnt5. Acesso em: 20 abr. 2023.

CUNHA, P. R. *Código florestal e compensação de reserva legal: ambiente político e política ambiental*. São Paulo. Annablume. 2017.

DALBY, S. The Geopolitics of Climate Change. *Political Geography*, v. 37, p. 38-47, 2013.

DINO, N. A. Entre a Constituição e a Convenção n. 169 da OIT: o direito dos povos indígenas à participação social e à consulta prévia como uma exigência democrática. *Boletim Científico – Escola Superior do Ministério Público da União (ESMPU)*, Brasília, ano 13, p. 42-43, 2014.

EMBRAPA. Rede projeta 3,5 milhões de hectares com sistemas de ILPF até 2030. *Embrapa*, 2021. Disponível em: https://bit.ly/43DKG0r. Acesso em: 20 abr. 2023.

EMBRAPA. Soja. Dados econômicos. Disponível em: https://bit.ly/420arXx. Acesso em: 20 abr. 2023.

EUROPEAN COMMISSION. European Commission Communication: The European Green Deal [COM(2019) 640 final]. Brussels: European Union, 2019. Retrieved from https://bit.ly/3BVKDB2. Acesso em: 15 maio 2023.

EUROPEAN PARLIAMENT. Climate Change: New Rules for Companies to Help Limit Global Deforestation. Sept. 13, 2022. Disponível em: https://bit.ly/43ajnKO. Acesso em: 18 maio 2023.

FALEIRO, F. G.; ANDRADE, S. R. M.; REIS JUNIOR, F. B. (Eds.). *Biotecnologia: estado da arte e aplicações na agropecuária*. Planaltina, DF: Embrapa Cerrados, 2011.

FAPESP. BIOEN, FAPESP Bioenergy Research Program. Disponível em: https://fapesp.br/en/bioen. Acesso em: 27 abr. 2023.

FIGUEIREDO, L. H. M. *et al*. An Overview of Intellectual Property within Agricultural Biotechnology in Brazil. *Biotechnology Research and Innovation*, v. 3, n. 1, p. 69-79, 2019.

FLORESTAS e as Soluções baseadas na Natureza: um complexo jogo de variáveis. *Página22*, 16 ago. 2022. Disponível em: https://bit.ly/3MS8Q1C. Acesso em: 5 maio 2023.

FONSECA, E. M. *et al.* Political Discourse, Denialism and Leadership Failure in Brazil's Response to COVID-19. *Global Public Health*, v. 16, n. 8-9, p. 1251-1266, 2021.

FOOD AND AGRICULTURE ORGANIZATION (FAO); ALLIANCE OF BIOVERSITY INTERNATIONAL; CIAT. *Indigenous Peoples' Food Systems: Insights on Sustainability and Resilience in the Front Line of Climate Change.* Rome, 2021.

FOOD AND AGRICULTURE ORGANIZATION (FAO); FONDO PARA EL DESARROLLO DE LOS PUEBLOS INDIGENAS DE AMÉRICA LATINA Y EL CARIBE (FILAC). *Forest Governance by Indigenous and Tribal People: An Opportunity for Climate Action in Latin America and the Caribbean.* Santiago: FAO; FILAC, 2021.

FRANCHINI, M. A.; VIOLA, E. Myths and Images in Global Climate Governance, Conceptualization and the Case of Brazil (1989-2019). *Revista Brasileira de Política Internacional*, v. 62, n. 2, 2019.

GAETANI, F.; LAGO, M. *O Estado em um mundo em mudança: reflexões sobre a gestão pública contemporânea no Brasil.* Rio de Janeiro: Editora FGV, 2022.

GATTI, L. V. *et al.* Amazonia as a Carbon Source Linked to Deforestation and Climate Change. *Nature*, n. 595, p. 388-393, p. 2021.

GREAT BRITAIN. Parliament. House of Commons. Committee on Public Administration. *The Ombudsman in the Age of Information: Sixth Report of Session 2001-02.* London: The Stationery Office, 2002.

GRUPO DE BIOECONOMIA DA CONCERTAÇÃO PELA AMAZÔNIA. O valor da diversidade para a bioeconomia. *Página22*, 1º fev. 2021. Disponível em: https://bit.ly/434fCXr. Acesso em: 18 maio 2023.

HARFOUCHE, A. L. *et al.* Promoting Ethically Responsible Use of Agricultural Biotechnology. *Trends in Plant Science*, v. 26, n. 6, p. 546-559, 2021.

INTERGOVERNMENTAL PANEL ON CLIMATE CHANGE (IPCC). *Climate Change 2022: Impacts, Adaptation, and Vulnerability.* Contribution of Working Group II to the Sixth Assessment Report of the Intergovernmental Panel on Climate Change [Edited by H.-O. Pörtner, D. C. Roberts, M. Tignor, E. S. Poloczanska, K. Mintenbeck, A. Alegría, M. Craig, S. Langsdorf, S. Löschke, V. Möller, A. Okem, and B. Rama]. Cambridge; New York: Cambridge University Press, 2022. 3056 p. DOI: 10.1017/9781009325844.

INTERNATIONAL LABOUR ORGANIZATION; THE UNITED NATIONS ENVIRONMENT PROGRAMME. *Decent Work in Nature-based Solutions.* ILO; UNEP; IUCN, 2022. Disponível em: https://bit.ly/3MQRNNa. Acesso em: 18 maio 2023.

INSTITUTE FOR GOVERNMENT. Strategy Unit: R.I.P. *Institute for Government Blog*, June 23, 2010.

INSTITUTO BRASILEIRO DE GEOGRAFIA E ESTATÍSTICA (IBGE). *Censo Agropecuário 2017: resultados definitivos*. Rio de Janeiro: IBGE, 2019.

INSTITUTO BRASILEIRO DE GEOGRAFIA E ESTATÍSTICA (IBGE). *Os indígenas no Censo Demográfico 2010: primeiras considerações com base no quesito cor ou raça*. Brasília: IBGE, 2012.

INSTITUTO NACIONAL DE PESQUISAS ESPACIAIS (INPE). Taxas anuais de desmatamento na Amazônia Legal (1988-2021). *TerraBrasilis*, 2021. Disponível em: https://bit.ly/3IxYKQF. Acesso em: 20 abr. 2023.

JBS 360. Escritórios verdes. Disponível em: https://jbs360.com.br/escritorios-verdes/. Acesso em: 27 abr. 2023.

JONG, H. N. Deforestation for Palm Oil Falls in Southeast Asia, but Is It a Trend or a Blip?. *Mongabay*, Mar. 23, 2022. Disponível em: https://bit.ly/3OxJDKR. Acesso em: 20 abr. 2023.

JUNGES, F. M. Antropoceno: uma reflexão sobre a nova era geológica e as implicações ambientais, sociais e políticas. *Revista de Geopolítica*, v. 12, n. 3, p. 54-67, 2021.

KENTON, W. Externality: What It Means in Economics, With Positive and Negative Examples. *Investopedia*, Dec. 31, 2022. Disponível em: https://bit.ly/3opk3gH. Acesso em: 18 maio 2023

KILL, J. *Economic Valuation and Payment for Environmental Services Recognizing Nature's Value or Pricing Nature's Destruction?*. Berlin: The Heinrich Böll Foundation, 2015.

KOKKE, M.; WEDY, G. Litigância climática no plano internacional: análises comparativas. *Revista dos Tribunais*, v. 110, n. 1023, p. 39-58, jan. 2021.

KOPENAWA, D.; ALBERT, B. *A queda do céu: palavras de um xamã yanomami*. São Paulo: Companhia das Letras, 2019.

KPMG. *The Impact of ESG Disclosure*. Sept. 2019. Disponível em: https://bit.ly/427iqlj. Acesso em: 18 maio 2023.

KRENAK, A. Paisagens, territórios e pressão colonial. *Espaço Ameríndio*, v. 9, n. 3, p. 327-327, 2015.

LOPES, D. B. *O Movimento Indígena na Assembleia Nacional Constituinte (1984-1988)*. 2011. 186 f. Dissertação (Mestrado em História Social do Território) – Universidade do Estado do Rio de Janeiro, São Gonçalo, 2011.

LOUBACK, A. C. (Coord.). *Quem precisa de justiça climática no Brasil?* Brasília: Gênero e Clima; Observatório do Clima, 2022. Disponível em: https://bit.ly/3q6JXWM. Acesso em: 18 maio 2023.

MAPBIOMAS. Pastagem: ocupação e uso da terra – Coleção 6. Fact sheet, out. 2021.

MAPBIOMAS. Mapeamento anual de cobertura e uso da terra – Coleção 7. Fact sheet, out. 2022. Disponível em: https://bit.ly/3IzTzzI. Acesso em: 20 abr. 2023.

MARCOVITCH, J.; PINSKY, V. Bioma Amazônia: atos e fatos. *Estudos Avançados*, v. 34, p. 83-106, 2020.

MARFRIG. Marfrig Verde +. Disponível em: https://bit.ly/3BQR3S8. Acesso em: 20 abr. 2023

MARQUES, T. H. N.; RIZZI, D.; FERRAZ, V.; HERZOG, C. P. Soluções baseadas na Natureza: conceituação, aplicabilidade e complexidade no contexto latino-americano, casos do Brasil e Peru. *Revista LABVERDE*, v. 11, n. 1, p. 12-49, 2021.

MARTORELLI, E. B. *Análise das operações de arrendamento mercantil no Brasil.* 2015. 89 f. Dissertação (Mestrado em Administração de Empresas) – Universidade de Brasília, Brasília, 2015.

MILANEZ, F. *et al.* Existência e diferença: o racismo contra os povos indígenas. *Revista Direito e Práxis*, v. 10, p. 2161-2181, 2019.

MISSIONÁRIO, CONSELHO INDIGENISTA (CIMI). *Relatório Violência Contra os Povos Indígenas no Brasil: dados de 2018.* Brasília: Cimi, 2021.

MOREIRA, A. EUA dão passo para barrar produtos de desmatamento. *Valor Econômico*, 21 out. 2022. Disponível em: https://bit.ly/3IBDrhd. Acesso em: 26 abr. 2023.

MORGADO, R.; REIS, T. Restrição no acesso a dados prejudica imagem do Brasil. *Valor Econômico*, São Paulo, 24 out. 2022. Disponível em: https://bit.ly/3JYURoP. Acesso em: 27 abr. 2023.

MOSELEY, C. (Ed.). *Atlas of the World's Languages in Danger.* Unesco, 2010.

MOUNK, Y. *O povo contra a democracia: por que nossa liberdade corre perigo e como salvá-la.* São Paulo: Companhia das Letras, 2018.

MUNDURUKU, Daniel. *O Caráter Educativo do Movimento Indígena Brasileiro (1970-1990).* São Paulo: Paulinas, 2012. p. 209.

NOBRE, A. D. *O futuro climático da Amazônia: relatório de avaliação científica.* São José dos Campos: INPA, 2014.

OLIVEIRA, G. C.; FERREIRA, A. N. Basileia III: concepção e implementação no Brasil. *Revista Tempo do Mundo*, v. 4, n. 1, p. 115-146, 2018.

OLIVEIRA, L. A. Tecnodiretrizes: formas, impactos, horizontes. *Revista Brasileira*, n. 114, p. 103, mar. 2023.

ORGANIZAÇÃO DAS NAÇÕES UNIDAS (ONU). Relatório da ONU, "Nossa Agenda Comum", propõe resposta integrada aos desafios globais. *Nações Unidas no Brasil*, 10 set. 2021. Disponível em: https://bit.ly/3WpVSeq. Acesso em: 18 maio 2023.

ORGANIZATION FOR ECONOMIC COOPERATION AND DEVELOPMENT (OECD). *Evaluating Brazil's Progress in Implementing Environmental Performance Review Recommendations and Alignment with OECD Environment Acquis.* Paris: OECD, 2021. Disponível em: https://bit.ly/3OyT0Kg. Acesso em: 27 abr. 2023.

PATAXÓ, A.; SATERÉ MAWÉ, S.; SURUÍ, T. Guardiões digitais das florestas. *Folha de S.Paulo*, São Paulo, 13 set. 2022. Disponível em: https://bit.ly/3BWjfDe. Acesso em: 12 maio 2023.

PERES, I. K. *Conflitos nas políticas ambientais: uma análise do processo de alteração do Código Florestal Brasileiro.* 2016. 195 f. Dissertação (Mestrado em Ecologia Aplicada) – Escola Superior de Agricultura "Luiz de Queiroz", Universidade de São Paulo, Piracicaba, 2016.

PERSON, L. *et al.* Outside the Safe Operating Space of the Planetary Boundary for Novel Entities. *Environmental Science & Technology*, v. 56, n. 3, p. 1510-1521, 2022. DOI: 10.1021/acs.est.1c04158.

PONTES, N. Em estado movido pelo agro, indígenas guarani-kaiowá tentam retomar terras. *DW Brasil*, 24 jun. 2022. Disponível em: https://bit.ly/428vAie. Acesso em: 12 maio 2023.

PONTES, N. Geada e mudanças climáticas ameaçam café brasileiro. *DW*, 17 ago. 2021. Disponível em: https://bit.ly/421mi7F. Acesso em: 20 abr. 2023.

RAJÃO, R. *et al.* Maçãs podres do agronegócio brasileiro. *Science*, v. 369, n. 6501, p. 246-248, 2020.

REDE DE AÇÃO POLÍTICA PELA SUSTENTABILIDADE (RAPS). RAPS e Uma Concertação pela Amazônia abrem debate com nova pesquisa sobre votação de deputados da Amazônia na Climate Week NYC 2022. *Raps*, 23 set. 2022. Disponível em: https://bit.ly/434boz7. Acesso em: 5 maio 2023.

REIS, S. T.; SOARES, N. S.; REGO, L. J. S. Conformação da produção de cacau no Sul da Bahia com a legislação florestal brasileira. *Gaia Scientia*, [S.l.], v. 14, n. 4, 2020. DOI: 10.22478/ufpb.1981-1268.2020v14n4.52812. Disponível em: https://bit.ly/3oplQlP. Acesso em: 24 abr. 2023.

RIBEIRO, D. *Os índios e a civilização*. São Paulo: Global, 2017.

RIBEIRO, M. F. A grande batalha das mulheres do Xingu. *DW*, 29 maio 2019. Disponível em: https://bit.ly/45CT3uW. Acesso em: 12 maio 2023.

RICUPERO, R. À sombra do apocalipse: depoimento pessoal sobre 50 anos de causa ambiental. *CEBRI*, Rio de Janeiro, 2022.

RIOS, S. P.; VEIGA, P. M. *Abertura comercial: a reforma necessária (mas não suficiente) para a retomada do crescimento econômico*. Centro de Estudos de Integração e Desenvolvimento, 2021. Disponível em: https://bit.ly/3pSCiMc. Acesso em: 20 abr. 2023.

RODRIGUES, A. A. *et al.* Cerrado Deforestation Threatens Regional Climate and Water Availability for Agriculture and Ecosystems. *Global Change Biology*, v. 28, n. 22, 2022.

SAFATLE, A. Como ampliar a conectividade na Amazônia. *Página22*, São Paulo, 12 jul. 2022. Disponível em: https://bit.ly/3Wqf380. Acesso em: 12 maio 2023.

SANTOS, J. A. D.; MOURA-LEITE, R.; PEREIRA, M. W. G.; PAGÁN, M. Social and Environmental Disclosure of the Largest Companies in Brazil's Agribusiness Sector. *Social Responsibility Journal*, v. 17, n. 8, p. 1009-1027, 2021.

SCHRÖDER, Mark *et al.* *The KFW Experience in the Reduction of Energy Use in and CO2 Emissions from Buildings: Operation, Impacts and Lessons for the UK*. London: UCL Energy Institute; University College London; LSE Housing and Communities; London School of Economics, 2011.

SAFATLE, A. COP 21: em meio ao ruído, o sinal é claro. *Página22*, 5 dez. 2015. Disponível em: https://bit.ly/45itPlc. Acesso em: 18 maio 2023.

SAFATLE, A. Os responsáveis pelo pato. *Página22*, 1º set. 2014. Disponível em: https://bit.ly/432Sfxz. Acesso em: 15 maio 2023.

SCHOR, Tatiana *et al.* [Correspondência]. Destinatário: Hamilton Mourão. São Paulo, 15 maio 2020. Disponível em: https://bit.ly/3K3fLmH. Acesso em: 18 jul. 2023.

SCHWAB, K. Global Challenges Require New Governance Model. *Project Syndicate*, Jan 4, 2022. Disponível em: https://bit.ly/3WrIYwD. Acesso em: 9 maio 2023.

SCIENCE PANEL FOR THE AMAZON (SPA). *Amazon Assessment Report 2021: Executive Summary*. New York: United Nations Sustainable Development Solutions Network, 2021.

SERRAO, E. Um plano de desenvolvimento para as diversas Amazônias. *Página22*, 30 ago. 2022. Disponível em: https://bit.ly/3BSHQsc. Acesso em: 20 abr. 2023.

SILVA, D. Em carta a Mourão, países europeus dizem que desmatamento dificulta negócios com o Brasil. *G1*, 16 set. 2020.

SILVA, M. F. O.; PEREIRA, F. S.; MARTINS, J. V. B. A bioeconomia brasileira em números. *BNDES Setorial*, n. 47, p. 277-332, mar. 2018. Disponível em: https://bit.ly/3q6qJRk. Acesso em: 18 maio 2023.

SILVÉRIO, D. V. *et al.* Agricultural Expansion Dominates Climate Changes in Southeastern Amazonia: The Overlooked Non-GHG Forcing. *Environmental Research Letters*, v. 10, n. 10, p. 104015, 2015

STERNER, B.; BATEMAN, I. *et al.* Policy Design for the Anthropocene. *Nature Sustainability*, v. 2, p. 14-21, 2019.

SUKHDEV, P. Costing the Earth. *Nature*, v. 462, n. 7271, p. 277-277, 2009.

SURUÍ, T. Demarcando o espaço indígena nas telas. *Folha de S.Paulo*, São Paulo, 22 ago. 2022.

THE WHITE HOUSE. ICYMI: Week of Climate Action from the Biden-Harris Administration. 16 Sept. 2022. Disponível em: https://bit.ly/3BWlh6k. Acesso em: 15 maio 2023.

THROP, H. *et al.* How Forest Bioeconomies Can Support Nature-based Solutions. London: Royal Institute of International Affairs, 2023. Briefing Paper. Disponível em: https://doi.org/10.55317/9781784135539. Acesso em: 24 abr. 2023.

TZIVA, M. *et al.* Understanding the Protein Transition: The Rise of Plant-based Meat Substitutes. *Environmental Innovation and Societal Transitions*, v. 35, p. 217-231, 2020.

UMA CONCERTAÇÃO PELA AMAZÔNIA (Org.). *Uma agenda pelo desenvolvimento da Amazônia*. São Paulo: Instituto Arapyaú, 2022. 99 p.

UNCTAD. *Technology and Innovation Report 2021*. Geneva: United Nations, 2021.

UNITED NATIONS. Indigenous Peoples. Disponível em: https://bit.ly/432eeF0. Acesso em: 18 maio 2023.

UNITED NATIONS. *The Sustainable Development Goals Report 2022*. New York: United Nations, 2022. Disponível em: https://bit.ly/3q0vFag. Acesso em: 12 maio 2023.

UNITED NATIONS DEVELOPMENT PROGRAMME (UNDP). *Peoples' Climate Vote*. UNDP, 2021. Disponível em: https://bit.ly/3IzLTgV. Acesso em: 18 maio 2023.

UNITED NATIONS ENVIRONMENT PROGRAMME (UNEP). *State of Finance for Nature*. UNEP, 2022. Disponível em: https://bit.ly/3q4NncG. Acesso em: 15 maio 2023.

UNITED NATIONS ENVIRONMENT PROGRAMME (UNEP). Triple Planetary Crisis: Forging a New Relationship Between People and Earth. *UN Environment*

Programme, [s.d.]. Disponível em: https://bit.ly/45oLqrS. Acesso em: 18 maio 2023.

UNITED NATIONS ENVIRONMENT PROGRAMME (UNEP). *Urban Agriculture's Potential to Advance Multiple Sustainability Goals*. Nairobi: UNEP, 2016. Disponível em: https://bit.ly/423k9sb. Acesso em: 20 abr. 2023.

VALENTE, R. *Os fuzis e as flechas: história de sangue e resistência indígena na ditadura*. São Paulo: Cia das Letras, 2017.

VEIGA, J. E. *Sustentabilidade: a legitimação de um novo valor*. São Paulo: SENAC, 2019.

WAACK, R. S.; VILARES, P.; FERRAZ, T.; GOMES, R.; WEISS, R. L.; AHMAR, V. *Estudo de caso sobre produção sustentável no Sul da Bahia-Brasil*. São Paulo: Instituto Arapyaú, 2022.

WALTER, B. F. How civil wars start: And how to stop them. *Crown*, 2022.

WANDER, A. E.; TOMAZ, G. A.; PINTO, H. E. Uma avaliação formativa do Plano ABC. *Revista de Política Agrícola*, v. 25, n. 3, p. 62-72, 2016.

WHO We Are? Fridays for Future. Disponível em: https://bit.ly/45vcLZf. Acesso em: 18 maio 2023.

WORLD BANK GROUP. *Doing Business in Brazil*. WBG, 2020. Disponível em: https://bit.ly/42Z5P4W. Acesso em: 20 abr. 2023.

WORLD ECONOMIC FORUM (WEF). *Biodiversity Credit Market: Securing a Sustainable Future for Business and Nature*. 2022.

WORLD ECONOMIC FORUM (WEF). *Biodiversity Credits: Unlocking Financial Markets for Nature-Positive Outcomes*. 2022. Disponível em: https://bit.ly/3MSBq2X. Acesso em: 20 abr. 2023.

WORLD FOOD PROGRAMME. A Global Hunger Crisis. Disponível em: https://www.wfp.org/global-hunger-crisis. Acesso em: 18 maio 2023.

WWF-BRASIL. Sob liderança de uma mulher, povo Kayapó luta para proteger território. *WWF-Brasil*, 7 fev. 2022. Disponível em: https://bit.ly/3q9qmFq. Acesso em: 12 maio 2023.

Sobre os autores

Francisco Gaetani

Gestor público de renome, com longa trajetória acadêmica e profissional em várias áreas do Estado brasileiro. Desde janeiro de 2023, ocupa a Secretaria Extraordinária de Transformação do Estado, no Ministério da Gestão e Inovação. Na administração pública federal, ocupou os cargos de secretário nacional de Gestão Pública, secretário executivo adjunto e secretário executivo do Ministério do Planejamento, Orçamento e Gestão, e secretário executivo do Ministério do Meio Ambiente, além de presidente da Escola Nacional de Administração Pública. Participou do Conselho de Administração do Banco do Brasil, do Banco Nacional de Desenvolvimento Econômico e Social (BNDES), da Financiadora de Estudos e Projetos (Finep), da Eletronorte, da Empresa de Pesquisa Energética (EPE) e do Hospital das Clínicas de Porto Alegre, e foi presidente do Conselho de Administração do Instituto República. Foi *fellow* do Instituto Arapyaú e membro do Conselho da Concertação pela Amazônia e do Movimento Brasil Competitivo. É professor da Escola Brasileira de Administração Pública e de Empresas (FGV/EBAPE), da Escola Nacional de Administração Pública (Enap) e do Instituto Rio Branco. Foi coordenador do Programa das Nações Unidas para o Desenvolvimento (Pnud) e trabalhou em outras organizações, como Fundação João Pinheiro (FJP), Universidade Federal de Minas Gerais (UFMG), Secretaria de Trabalho e Ação Social de Minas Gerais e Companhia Vale do Rio Doce. Lecionou também na Pontifícia Universidade Católica de Minas Gerais (PUC Minas) e na FJP. Mestre em Administração Pública e Políticas Públicas, é doutor em Ciência Política pela London School of Economics and Political Science. Lançou recentemente o livro *Como construir o Estado do século XXI*, em coautoria com Miguel Lago.

Izabella Teixeira

Reconhecida como uma das principais autoridades globais em questões ambientais, co-*chair* do Painel Internacional de Recursos Naturais da ONU Meio Ambiente (IRP/UNEP) e membro do Conselho Consultivo de Alto Nível da UN-DESA, é consultada por líderes ao redor do mundo para o desenvolvimento de estratégias. Durante o seu mandato como ministra do Meio Ambiente do Brasil (2010-2016), teve papel fundamental nas negociações do Protocolo de Nagoya, dos Objetivos de Desenvolvimento Sustentável (ODS), da Convenção de Minamata e do Acordo de Paris. Em 2012, foi nomeada para servir no Painel de Alto Nível de Pessoas Eminentes para desenvolver o que veio a ser a Agenda 2030. Em 2013, como reconhecimento pela sua contribuição na redução do desmatamento na Amazônia, recebeu o Prêmio Global "Campeões da Terra" pela ONU Meio Ambiente, na categoria Liderança Política. Bióloga, tem mestrado em Planejamento Energético e doutorado em Planejamento Ambiental pela Universidade de Brasília (UnB). Autora e coordenadora de diversas publicações, é coautora deste livro como *fellow* do Instituto Arapyaú.

Marcello Brito

Pioneiro em bioeconomia e iniciativas que integram representantes de diferentes setores da sociedade. Em seu histórico de liderança em redes está o Consórcio Interestadual de Desenvolvimento Sustentável da Amazônia Legal, o Conselho Estratégico da Coalizão Brasil, Clima, Floresta e Agricultura, a Associação Brasileira do Agronegócio (Abag), a Associação Brasileira de Produtores de Óleo de Palma (Abrapalma), a Roundtable on Sustainable Palm Oil (RSPO), entre outras. Como liderança empresarial, foi CEO da Agropalma, a maior produtora de óleo de palma sustentável das Américas. É membro do conselho da Conservação Internacional, do Fundo JBS – Amazônia, entre outros. Graduado em Engenharia de Alimentos e mestre em Administração de Empresas, é cocriador e coordenador técnico do Centro Global Agroambiental e da Academia Global do Agronegócio da Fundação Dom Cabral (FDC). Como *fellow* do Instituto Arapyaú, é coautor deste livro.

Roberto S. Waack

Destacado por sua visão inovadora e colaborativa, tem vasta experiência como executivo, empreendedor e conselheiro. É membro do conselho da Marfrig, da Wise Plásticos, da Synergia e do Instituto Arapyaú, do qual é presidente. Além disso, é cofundador e membro dos núcleos estratégicos de governança da Coalizão Brasil Clima, Florestas e Agricultura e da Uma Concertação pela Amazônia. Também é *visiting fellow* da Chatham House, em Londres, e membro do Comitê de Sustentabilidade do SuperBid. Ao longo de sua carreira, assumiu posições como CEO da Fundação Renova, fundador, CEO e presidente do Conselho da Amata S.A. (empresa florestal na Amazônia, onde segue como acionista), CEO da Orsa Florestal, presidente do Conselho Internacional do Forest Stewardship Council, membro do Conselho Internacional do Global Reporting Initiative (GRI), do Fundo Nacional de Biodiversidade (Funbio) e do Instituto Brasileiro de Governança Corporativa (IBGC), entre outras organizações da sociedade civil. Iniciou sua carreira na indústria farmacêutica, onde alcançou o cargo de diretor. É biólogo, mestre em Administração de Empresas, coautor deste livro e compartilha suas ideias e publicações no site: https://rswaack.com.br/.

Samela Sateré Mawé

Indígena de Manaus, do povo Sateré Mawé, ativista ambiental jovem e reconhecida, tem mais de 100 mil seguidores em seu perfil no Instagram (@sam_sateremawe). Faz parte do movimento

Fridays for the Future Brasil, é comunicadora da Articulação dos Povos Indígenas do Brasil (Apib) e da Articulação Nacional das Mulheres Indígenas Guerreiras da Ancestralidade (ANMIGA). Também apresenta o Canal Reload, é *creator* pelo clima na NOSSAS e integra a Associação de Mulheres Indígenas Sateré Mawé (Amism), o Movimento de Estudantes Indígenas do Amazonas (Meiam) e a rede Uma Concertação pela Amazônia. Possui formação em Biologia pela Universidade do Estado do Amazonas. Samela é coautora deste livro como *fellow* do Arapyaú.

Sobre a *Página22*
e o Instituto Arapyaú

Página22

Revista multimídia que provoca o debate livre e plural sobre as principais questões da atualidade e aglutina propostas para lidar com as rápidas transformações da sociedade. Seu formato de trabalho responde à crescente fragmentação da informação e traz uma luz original ao debate. Lançada em 2006, tornou-se referência no mercado editorial brasileiro, ao antecipar a importância do tema da sustentabilidade. Amalia Safatle, editora da *Página22*, também participa da sistematização de conhecimento em diversas organizações e acompanha as reuniões de Fellows do Arapyaú. Dessa junção, entre os Fellows, o Arapyaú e Amalia, foi identificada a oportunidade da publicação deste livro.

Instituto Arapyaú

Instituição filantrópica brasileira que promove o desenvolvimento baseado na valorização das dimensões natural, social e econômica. O instituto mobiliza sociedade civil, filantropia, academia, setor público e privado para fomentar redes transformadoras capazes de criar soluções sistêmicas e escaláveis, que respondam a desafios como as mudanças climáticas e a perda da biodiversidade. Acredita na colaboração e na diversidade como as únicas formas de enfrentar essas questões.

Este livro foi desenvolvido dentro do Programa de Fellows do Instituto Arapyaú, a partir dos debates promovidos entre os Fellows Francisco Gaetani, Izabella Teixeira, Marcello Brito e Samela Sateré Mawé. Pelo instituto, também integraram o grupo Roberto S. Waack (presidente do Conselho), Renata Piazzon (diretora-geral), Thais Ferraz (diretora) e Renata Loew Weiss (coordenadora de Lideranças), sendo as duas últimas responsáveis pela coordenação do livro. A concepção da arte foi desenvolvida por Fernanda Rennó, e as ilustrações que permeiam as linhas são de Josias Marinho Casadecaba, reconhecido por suas contribuições no campo da literatura e ilustração afro-brasileira, com prêmios e participações em exposições importantes no Brasil e no exterior. A elaboração dos textos-base foi realizada por Amalia Safatle, editora e cofundadora da revista *Página22*, com pesquisa prévia realizada por Nadia Pontes, vencedora do prêmio IMPA de jornalismo na categoria Divulgação Científica.

Referências do ilustrador para as **aves**: Xexéu e Choca-de-crista-preta.
Para a **vegetação**: Jenipapo.

Referências do ilustrador para as **aves**: Xexéu e Choquinha-de-barriga-ruiva.
Para a **vegetação**: Jenipapo.

Referências do ilustrador para as **aves**: Uirapuru-cigarra, Uirapuru-estrela e Campainha-azul.
Para a **vegetação**: Pau-brasil.

Referências do ilustrador para as **aves**: Xexéu, Choca-de-crista-preta e Choquinha-de-barriga-ruiva.
Para a **vegetação**: Jenipapo.

Referências do ilustrador para as **aves**: Guará e Campainha-azul.
Para a **vegetação**: Mangue.

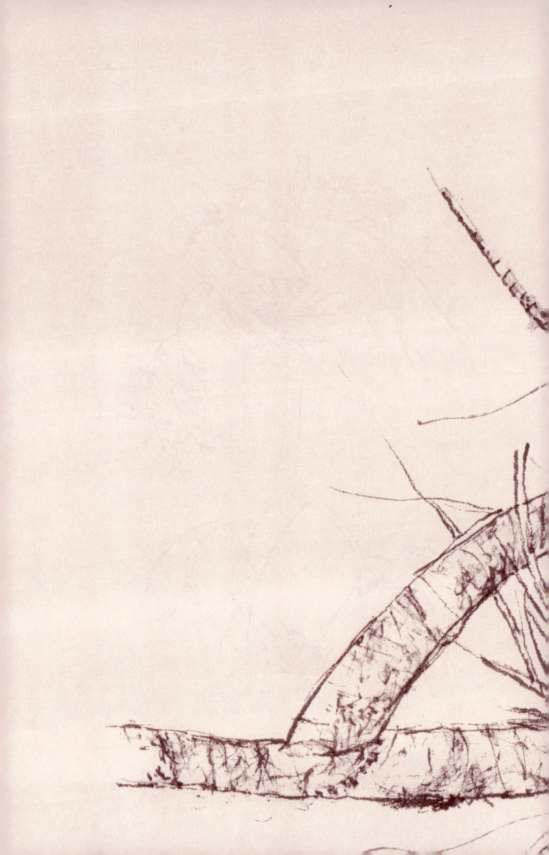

Este livro foi composto com tipografia Adobe Garamond Pro
e impresso em papel Off-White 90g/m² na Formato Artes Gráficas.